ELIAS LEITE
PREFÁCIO DE ROBERTO SHINYASHIKI

LÍDER DE RESULTADO

O poder da gestão que entende de gente, desenvolve pessoas e multiplica resultados

Diretora
Rosely Boschini

Gerente Editorial
Marília Chaves

Assistente Editorial
Juliana Cury Rodrigues

Controle de Produção
Karina Groschitz

Preparação
Abordagem Editorial

Projeto Gráfico e Diagramação
Join Bureau

Revisão
Fabiana Medina

Capa
Juliana Ida

Imagem de Capa
Pixabay/Mohamed Mahmoud

Foto do Autor
Cival Hiperpole de Macedo Alves

Impressão
Bartira

Copyright © 2017 by Elias Bezerra Leite
Todos os direitos reservados à
Editora Gente.
Rua Natingui, 379 – Vila Madalena
São Paulo, SP – CEP 05443-000
Telefone: (11) 3670-2500
Site: www.editoragente.com.br
E-mail: gente@editoragente.com.br

Dados Internacionais de Catalogação na Publicação (CIP)
Angélica Ilacqua CRB-8/7057

Leite, Elias Bezerra
  Líder de resultado : o poder da gestão que entende de gente, desenvolve pessoas e multiplica resultados / Elias Bezerra Leite. – 1ª ed. – São Paulo : Editora Gente, 2017.
  184 p.

ISBN 978-85-452-0193-9

1. Negócios 2. Sucesso nos negócios 3. Liderança 4. Administração I. Título.

17-1136   CDD-650.1

Índice para catálogo sistemático:
1. Sucesso nos negócios   650.1

Dedico esse livro a todas as pessoas que tive e tenho a honra de liderar. Vocês são meus grandes mestres e minha maior inspiração em gestão e liderança.

Agradecimentos

Eu levei 42 anos para escrever este livro. Sim, isso mesmo, 42 anos, exatamente o meu tempo de vida até aqui. É um livro que não poderia ter sido escrito de outra forma, num tempo diferente de todos esses anos, pois esse período reúne os ensinamentos e aprendizado que tive ao longo da vida com pessoas maravilhosas, sem as quais, não só esse livro não teria sido escrito, como também meu próprio caminho seria muito diferente – provavelmente bem mais difícil.

Quero, então, aqui fazer esse registro e agradecer a essas pessoas, entre tantas que passaram e me marcaram pela vida.

Agradeço ao meu tio José Leite Santiago, por ter acreditado em mim e proporcionado o meu primeiro empreendimento e o ingresso na carreira de gestor.

Aos meus irmãos Dalveli, Carlos Heli e Jéssica, pelo apoio nos momentos em que mais precisei.

À Joelma, por toda sua dedicação e lealdade, à Clínica Otorhinos e aos meus sócios Marcos Rabelo e André Alencar, a quem também agradeço por toda a confiança depositada nestes quinze anos de sociedade.

Ao professor e amigo Sebastião Diógenes Pinheiro, de quem tive, durante quinze anos, ensinamentos diários da verdadeira liderança baseada na ética e na coerência em viver os valores que defende e prega.

À minha equipe de gestores da Diretoria Comercial da Unimed Fortaleza, com quem tanto aprendi, e ainda aprendo, por ser o meu suporte para os bons resultados que temos conquistados juntos.

Aos meus recentes sócios, Mariana, na M7 Desenvolvimento, Davi e Isadora, na Snackout, por confiarem e apostarem em mim como alguém que pode agregar valor aos nossos negócios.

A todos os líderes que tive e nos quais me inspiro.

A todas as pessoas que tive e tenho a oportunidade de liderar e conviver nesses dezessete anos de gestão, em especial àquelas que se dedicam com tanto afinco à Clínica Otorhinos e à Unimed Fortaleza, empresas nas quais mais pude aprender e me desenvolver como líder e gestor.

Por fim, agradeço do fundo do meu coração aos meus pais por tudo e a Deus por eles.

Sumário

PREFÁCIO 11

APRESENTAÇÃO • A jornada do sucesso 15
   A trajetória das pessoas 18

CAPÍTULO 1 • A mudança como estratégia de futuro 21
   Aprender a cuidar do seu negócio
   (gestão: cuidar, mudar, adaptar-se) 27
   Extermine o dinossauro que habita em você – antes que
   ele o extermine 30

CAPÍTULO 2 • A empresa não está apenas na sua cabeça 35
   O bom atendimento começa em casa 39
   Valores: suas referências para agir 45

Cultura, o rosto da empresa 48
Os 4 passos da cultura... 49

**CAPÍTULO 3 • Pessoas, pessoas, pessoas
(gestão humanizada)** 53

Pilares para a gestão de pessoas... 62
O sonho compartilhado... 65

**CAPÍTULO 4 • Inteligência emocional: entre o sentido
e a razão** 69

As emoções a seu lado... 72

**CAPÍTULO 5 • Resiliência: a arte de levantar-se no menor
tempo possível depois da queda**... 87

Em quanto tempo você fica em pé?...................................... 91
A força que nos anima vem das contrariedades da vida...... 94
Principais elementos práticos da resiliência 97

CAPÍTULO 6 • *Worker Experience*: satisfação e resultados 99

A experiência do colaborador como diferencial
competitivo.. 104
O conceito na prática.. 107

**CAPÍTULO 7 • Liderança – ou a arte de inspirar pessoas
para grandes resultados**... 119

Inteligência Alternativa 127
Autonomia de voo... 129
Liderança situacional 130

Declínio: os riscos da vaidade 135
Gestão biológica 139
Para trabalhar comigo 140
O poder da decisão 141

CAPÍTULO 8 • Feedback, desenvolvimento e medos 143
Problemas operacionais 149
Problemas comportamentais 151
Meritocracia 157
Enfrentando medos 158

CAPÍTULO 9 • Ética – ou o sentido da integridade 163
Diferenças entre moral e ética 166

CAPÍTULO 10 • Eu quero te ver bem 173

Referências bibliográficas 181

Prefácio

Uma coisa que a maioria das pessoas parece esquecer é que empresas campeãs são formadas por seres humanos campeões. E, quando essas pessoas têm um líder capaz de criar um time imbatível, sabemos que essa empresa vai vencer a concorrência.

Quando li o livro do Elias, eu me lembrei imediatamente de uma história de Alexandre, o Grande, sobre a consciência de quem é líder e reconhece o valor da cooperação.

Alexandre conduzia seu exército de volta para casa depois da grande vitória contra Porus, na Índia. A região que cruzavam naquele momento era árida e deserta, e os soldados sofriam terrivelmente com o calor, a fome e, mais que tudo, a sede. Os lábios rachavam e a garganta ardia em decorrência da falta de água. Muitos estavam prestes a se deixar cair no chão e desistir.

Por volta do meio-dia, o exército encontrou um destacamento de viajantes gregos. Vinham montados em mulas e carregavam alguns recipientes com água. Um deles, vendo o rei quase sufocar de sede, encheu um elmo com água e o ofereceu a ele.

Alexandre pegou o elmo nas mãos e olhou em torno de si. Viu o rosto sofrido dos soldados, que ansiavam, tanto quanto ele, por algo refrescante.

– Obrigado, mas pode ficar com a água – disse ele –, pois não tem sentido matar minha sede sozinho, e você não tem o suficiente para todos.

Devolveu o elmo sem tomar uma gota. Os soldados, aclamando seu rei, puseram-se de pé e pediram que o líder continuasse a conduzi-los adiante.

Muitos empresários pensam que não conseguem alavancar sua empresa por falta de dinheiro, mas isso raramente é a causa de algum fracasso. O que causa a destruição das empresas é a falta de pessoas competentes e comprometidas. Há ainda os que pensam que o problema é a falta de uma ideia genial, mas isso é outra ilusão. O que falta são profissionais que procurem as soluções para os problemas dos clientes.

Nesses mais de trinta anos dando mentoria para grandes empresários, tenho visto que saber liderar pessoas e equipes é uma das competências mais importantes para o sucesso de todas as organizações. Por isso o livro de Elias Leite é tão importante: ele fala sobre o poder que as pessoas possuem para alavancar o negócio, sair da crise e encontrar soluções para crescer.

Quanto mais você prosperar na sua carreira ou empresa, mais pessoas precisará liderar; e cuidar de pessoas é o que faz um grande líder mostrar um grande resultado no fim do mês ou do ano.

O método de gestão de pessoas para resultados tem foco em integração, inteligência emocional, feedback, valores e ética. O líder de resultado tem o objetivo de empoderar a equipe e trazer um raciocínio de alta performance para o gestor.

Esse modelo de gestão, batizado pelo autor de "eu quero te ver bem", tem como ponto central o relacionamento ganha-ganha entre a empresa e o funcionário. Elias é um defensor da humanização das relações corporativas, que, ao contrário do que muita gente acredita, bate meta e levanta o faturamento.

A paixão que Elias tem por pessoas é contagiante! Em quase vinte anos de carreira, além de empreendedor com uma clínica com quarenta médicos, ele se tornou diretor comercial da Unimed Fortaleza.

Enquanto a maioria das pessoas se enche de desculpas por não conseguir dar conta das tarefas diárias, Elias vai ao alto e além e leva, junto dele, pessoas comprometidas que buscam o mesmo objetivo.

Conheci o autor como aluno do curso Negócio de Palestras, e, como em tudo que faz, ele foi o mais aplicado possível e entrou na jornada de aprender a ser palestrante com pureza e humildade.

Elias Leite traz aqui os ensinamentos de anos à frente de equipes que enfrentam alta demanda por resultados. Apesar de se formar como médico e liderar times comerciais, ele tem uma sensibilidade ímpar para entender e revolucionar os trabalhadores. Aqui você aprende como lidar com conflito de gerações, decisões difíceis, promoções, feedbacks e demissões, e como fazer com que os seus parceiros de trabalho estejam sempre motivados a levar o negócio para o próximo patamar!

Boa leitura!

Roberto Shinyashiki
Psiquiatra e palestrante, autor de best-sellers como
Problemas, Oba!, *O sucesso é ser feliz* e *Louco por viver*

Apresentação

A JORNADA DO SUCESSO

*Não havíamos marcado hora, não havíamos marcado lugar.
E, na infinita possibilidade de lugares, na infinita possibilidade de tempos,
nossos tempos e nossos lugares coincidiram. E deu-se o encontro.*

RUBEM ALVES

Caro leitor,

É inegável que escrever um livro é motivo de alegria e satisfação para o seu autor. Afinal, é uma oportunidade em que podemos falar de conquistas, contar um pouco da nossa história, mostrar ou indicar alguns caminhos que possivelmente poderão ajudar outras pessoas a realizar seus sonhos. Sem dúvida, tudo isso é razão de orgulho e alegria. Mas confesso que nada disso seria suficiente para mim se não houvesse a chance real de poder contribuir para que cada vez mais pessoas atinjam o sucesso nos seus empreendimentos. Para mim, a educação e o estímulo de atitude empreendedora são chaves de transformação do nosso país.

Para a Antroposofia (que vem do grego e significa *conhecimento do ser humano*), a vida humana é dividida em ciclos de sete anos

– os chamados "setênios". Até os 42 anos, você desenvolve o corpo e a psique, recebe informações e conquista seus espaços no mundo. A partir de então, você busca o seu "espaço interno" e a sabedoria, e começa a devolver para o mundo toda a experiência de vida adquirida. Coincidência ou não, no momento em que escrevo este livro, estou com 42 anos e acredito ser essa obra uma forma interessante de começar a devolver à sociedade tudo o que de bom construí e recebi até então.

Sei que pode parecer uma grande audácia da minha parte, mas escrevo este livro com a pretensão de que ele sirva para qualquer pessoa em cargo de gestão ou com atitude de liderança, desde um empreendedor iniciante até um alto executivo de uma grande empresa, pois acredito fortemente que o que será exposto aqui adequa-se à qualquer modelo de negócio que busque resultados sustentáveis a longo prazo.

Considero-me uma pessoa extremamente mediana. Se tenho um grande talento, sinceramente ainda não o encontrei. Sou, e sempre fui, muito mais "transpiração" do que "inspiração".

E é justamente por isso que acredito ter algo a contribuir, falando por meio deste livro, para pessoas "normais" como você e eu, que somos a maioria. Quero mostrar como pessoas assim, determinadas e que lutam por suas conquistas, podem alcançar o sucesso em qualquer negócio.

E nisso está a principal razão deste livro, que é a possibilidade de motivar e estimular, através da reunião de ideias, métodos e práticas *simples* e eficazes, pessoas como você (sejam elas, caro leitor, empreendedores, gestores, executivos ou empresários) a realizar *com sucesso* os seus sonhos. Enfatizo essa expressão: *com sucesso!* – que, a meu entender no mundo dos negócios, é conduzir de modo sustentável, e com ótimos resultados para todos, um empreendimento, independentemente do seu tamanho. Afinal, todos nós podemos tentar realizar nossos sonhos; alguns conseguem, sem dúvida, mas poucos o realizam plenamente, isto é, com o devido sucesso, ao longo do tempo.

E faço questão de frisar *o simples* por acreditar que "a simplicidade é a sofisticação do complexo". Para mim, para funcionar, tem que ser simples, tem que ser viável para qualquer um, em qualquer negócio, de qualquer tipo ou tamanho.

A razão de um fracasso nos negócios, vale dizer, nem sempre está na eventual incapacidade dos realizadores, tampouco está no equívoco do negócio em si. Na maior parte das vezes, o impedimento fundamental para a realização plena está na dificuldade de gerir o próprio negócio. E isso muitas vezes acontece porque o empreendedor está preso no tempo, não sabe ou não conhece a importância do papel das pessoas na empresa, baseia, enfim, suas ações no passado, em casos de sucesso que já perderam sua validade nos dias de hoje – que é quando, de fato, as coisas estão acontecendo. O que você fez até hoje vai servir de aprendizado e experiência, mas o que definirá o lugar aonde você vai chegar é o que você fizer a partir de hoje.

Sim, falta gestão, e mais: falta compreensão do que vem a ser gestão e do que significa "negócio" *nos dias de hoje*!

Aqui, de novo, destaco essa expressão: *nos dias de hoje*. O que está por trás disso é que o mundo está em movimento. Significa dizer que não basta conhecer classicamente conceitos de *gestão* e *negócio* se desconsideramos a aplicação desses métodos *nos dias de hoje*. O mundo muda numa velocidade muito rápida, e, se tudo muda, o jeito de fazer gestão e de liderar também tem que mudar.

A condição essencial, portanto, embora haja outras (e falaremos delas ao longo do livro), é olhar esses movimentos, tentar interpretá-los e, ainda mais, saber aplicá-los no dia a dia, envolvendo *todos* os que fazem parte do negócio, ou seja, tendo como um dos pilares de qualquer empreendimento o desenvolvimento das pessoas que fazem parte dele.

A trajetória das pessoas

Fiz meu segundo grau (hoje, ensino médio) em um curso técnico de Mecânica. Em seguida, mudei completamente de planos e segui para a Faculdade de Medicina, em que a Biologia é uma das bases. De muitas formas, essa escolha se espelhou em minha trajetória profissional. É essa a mudança que acredito, aposto e sugiro fortemente na gestão. Mudar de uma gestão mecânica, hierarquizada, de comando e controle, para uma gestão biológica, orgânica, com foco no desenvolvimento das pessoas.

Como médico, sempre busquei levar meus pacientes para um nível de saúde plena, com 100% de cura, ou ausência de doença. Era como uma busca pelo "pleno funcionamento". Confesso que ficava frustrado quando conseguia apenas uma melhora, uma "cura parcial".

Como gestor, intuitivamente, sempre procurei fazer o mesmo. Se as organizações são ditas "organismos vivos", então, é necessário cuidar da saúde delas, buscando seu pleno funcionamento.

Por minha história e experiência como executivo e empreendedor, tenho firmes convicções sobre o papel preponderante que as pessoas exercem num negócio. Isso é algo que pude estudar e comprovar ao longo de minha trajetória, primeiro como médico otorrinolaringologista, depois como empreendedor. Abri minha primeira clínica no ano 2000, aos 25 anos – a Clínica Leite Santiago, que depois viria a ser incorporada à Clínica Otorhinos, na qual tenho hoje dois sócios, e que conta com quarenta médicos, vinte funcionários e seis fonoaudiólogas. Também tenho sociedade em uma empresa de palestras e desenvolvimento de pessoas e organizações – M7 Desenvolvimento – e em outra empresa de alimentação saudável – Snackout. Estou, além disso, como diretor comercial da Unimed Fortaleza desde o início de 2014, uma empresa cujo faturamento, no ano passado (2016), foi superior a R$ 1,7 bilhão – e onde vejo todos os dias como a gestão certa, simples e eficaz é fundamental para o alcance de grandes resultados.

Não só experimentei no dia a dia o impacto da ação de pessoas motivadas e envolvidas com o negócio, como estudei (tenho dois MBAs pela FGV, um em gestão empresarial e outro em gestão financeira, controladoria e auditoria, além de diversos cursos de gestão, liderança e autodesenvolvimento) e acompanhei em várias organizações a saudável influência que os hoje chamados colaboradores – há quem os nomeie também como *parceiros* ou *associados* – têm nos resultados de um empreendimento.

Por acreditar na importância das pessoas em qualquer negócio, fui ver *in loco* como a Disney trata e desenvolve seus colaboradores, ou melhor, seus "membros do elenco" (*cast members*) no curso A Estratégia da Magia, com Alexandre Slivnik e Branca Barão, que foi um divisor de águas na minha vida de gestor – e do qual falarei mais à frente.

Tenho certeza de que você está atento a isso. Não se pode ignorar mais o impacto ou a influência que as pessoas trazem ao negócio. Para o bem e para o mal. Se elas estão dentro, se estão satisfeitas, se se sentem desafiadas e se compartilham com você seus interesses e objetivos, a probabilidade de êxito é líquida e certa. Do contrário, se elas estão à margem do seu empreendimento, se não estão engajadas, se estão desmotivadas, se não conhecem o destino e os caminhos que o seu negócio irá trilhar, o risco de fracasso ou estagnação é alto.

> *Não se pode ignorar mais o impacto ou a influência que as pessoas trazem ao negócio*

Sei que é chover no molhado, mas isso é um mantra essencial: as pessoas fazem *toda* a diferença nos resultados do seu negócio.

Motivar pessoas, encantá-las, desenvolvê-las e satisfazê-las não é uma tarefa banal. E não dá para fazer isso pensando apenas nos meios de encantar e satisfazer pessoas. Isso é parte de um processo. Um processo de gestão, cuja implicação maior é a adoção de um modelo gerencial que inclui, além dos meios de transformar pessoas em agentes comprometidos, a forma de pensar o próprio negócio *nos dias de hoje*.

A razão de minha motivação, aqui, e que se constitui de fato numa firme crença, está nos excelentes resultados e metas que atingi na condição de gestor, sempre incentivando e apostando no talento humano e, com toda a atenção, acompanhando as transformações do mundo e do mercado – pondo em prática um modelo de gestão que tem por característica o desenvolvimento de gente, numa perspectiva de liderança e com foco em resultados.

Em suma, em minhas palestras e no meu dia a dia como gestor, quando faço uso de aliados, como ferramentas e conceitos de *mentoring* e coaching, falo disso o tempo todo e mostro a importância desses instrumentos de gestão. E é o que quero dizer a você aqui, como a adoção de um modelo fácil e humanizado pode ser aplicado no seu negócio com resultados excelentes. A chave, que vou detalhar nas próximas páginas, está nisso: sua empresa irá prosperar tanto quanto as pessoas envolvidas nela poderão crescer. Em outras palavras, o crescimento da sua empresa depende diretamente das pessoas que nela estão. Isso porque uma gestão focada em gente tem o poder de multiplicar negócios – com notáveis resultados para todos os envolvidos.

> *Em outras palavras, o crescimento da sua empresa depende diretamente das pessoas que nela estão.*

Começa aqui a nossa jornada, e será um prazer ter sua companhia.

Elias Leite

Capítulo 1

A MUDANÇA
COMO ESTRATÉGIA DE FUTURO

*As empresas inovadoras não gastam esforços
para defender o passado.*

PETER DRUCKER

Quero começar este livro falando algo diretamente para você que o tem em mãos agora e que vem aqui, já nessas primeiras páginas, com a esperança de encontrar uma resposta rápida, mágica e infalível para os problemas e dilemas da sua empresa, área ou negócio. Bom, vamos começar com duas notícias, como sempre dizem, uma boa e uma ruim. A primeira notícia é ruim, sinto dizer, e diz exatamente isso: não existe uma resposta rápida, mágica e infalível para os problemas da sua empresa.

Mas não perca a esperança, a segunda notícia é boa e diz exatamente o seguinte: existe uma resposta para o seu problema, e ela é simples – e pode ser, inclusive, rápida, mágica e infalível. Embora não seja exatamente fácil, pois vai exigir atitudes que certamente muitos gestores na sua situação têm dificuldade de fazer, seja por negligenciarem aspectos vitais do negócio, seja por não acreditarem que ações simples, mas poderosas, podem revolucionar sua visão sobre gestão e negócios.

A resposta simples é esta: mudança – algo que aprendi e pratiquei em toda a minha trajetória até aqui. E posso dizer: é a melhor estratégia de sucesso, agora e no futuro. Mas vamos lá, como se diz, traduzir isso em miúdos.

De modo geral, quando perguntamos a algum gestor ou empresário por que o seu negócio não decola, não vai bem ou está afundando, ouvimos à exaustão respostas como: "O mercado está parado, e...", "A crise é gigante, pegou todo mundo desprevenido, e...", "Os clientes não aparecem, e...", "Está tudo cada vez mais caro, e...", "A política, o governo, os impostos cada vez mais altos, blá-blá-blá", e, por fim: "... está tudo cada vez mais difícil" etc.

Sim, eles não estão errados. É verdade que o mercado está parado – ou pelo menos, vamos dizer, andando lentamente, numa velocidade bem abaixo do que gostaríamos. Quanto a isso não há dúvidas. A razão é clara, a crise é gigantesca, entramos em recessão há algum tempo, e mesmo agora em 2017, quando escrevo esta obra, se os índices econômicos pararem de piorar, também dão poucas mostras de ânimo, crescimento e de elevação. Os clientes, obviamente, até por consequência disso tudo, não estão mesmo dando sopa, está cada vez mais difícil fazer negócios.

Da mesma forma, produtos e serviços acabam ficando mais caros, ou, pelo menos, não há crédito disponível para adquiri-los, o que é quase a mesma coisa. Por fim, o país, os políticos, a crise, bem, não precisamos falar disso, está no noticiário esse caos que vivemos já faz algum tempo. Logo, ora..., e isso se explica – está tudo cada vez muito mais difícil. Quem discordaria?

Mas, calma! Respire fundo, você está no lugar certo. Vamos falar um pouco mais sobre isso, tentar ver as coisas de um jeito diferente, entender o que acontece e agir para superar esse impasse.

Numa conjuntura enfraquecida como essa em que vivemos hoje, sem estímulos para a realização de novos e bons negócios, o grande desafio é como fazer sua empresa crescer e prosperar num momento em que sobreviver ou simplesmente permanecer no mercado já não tem sido uma tarefa nada fácil.

O mercado em crise é um dado real, sem dúvida, mas ele tem sido usado a torto e a direito para mascarar o fracasso de alguns empreendimentos, como se o insucesso fosse apenas fruto de uma crise econômica. Perceber isso, saber diferenciar o que de fato está atrapalhando o seu negócio é fundamental para encontrar uma saída.

Tenho visto muitos empresários perdidos, sem saber como e nem para onde conduzir seus empreendimentos. As fórmulas já não funcionam muito bem – ou, para os mais otimistas, "estão demorando muito para dar certo". O fato é que, no frigir dos ovos, muitas empresas estão fechando, outras tantas estão reduzindo drasticamente suas atividades, muitas estão encolhendo, gente tem sido demitida, e temos, vale dizer, em 2017, cerca de 14 milhões de desempregados;[1] uma cifra nada desprezível! – E isso não é uma miragem, mas algo dramaticamente palpável.

Mas há um aspecto que gostaria de ressaltar. Não temos como negar a crise e muito menos o que chamamos de seus efeitos. Mas tenho algumas dúvidas sobre se a atual crise e esses tais efeitos constituem aspectos interdependentes e relacionais. Vou especificar: desconfio que em muitos setores ou situações há, sim, pontos de contato entre essa crise atual e seus supostos efeitos, mas isso não responde nem justifica, pelo menos não o tempo todo, os maus resultados de muitas empresas e negócios.

Não estou dizendo que ela não existe e muito menos deixando de reconhecer ou constatar as suas implicações devastadoras. Só acho que muitos dos impactos negativos sentidos pelas empresas não resultam diretamente da crise. É pelo menos o que tenho visto. Queda

---

[1] Disponível em: https://economia.uol.com.br/empregos-e-carreiras/noticias/redacao/2017/05/31/desemprego-e-de-136-e-atinge-14-milhoes-de-trabalhadores-diz-ibge.htm. Acesso em ago. de 2017.

nas vendas, baixo consumo, desemprego, tudo isso pode ser visto numa perspectiva mais abrangente do mercado e do país. Mas o ponto que eu quero conversar com você é este: quanto o seu negócio é de fato impactado pela crise? Será que antes desse momento de instabilidade as coisas já não vinham dando errado de alguma forma? Será que não há nada a ser feito no sentido de proteger o seu negócio, e que permita a você, gestor e empreendedor, ter algum alento concreto para que sua empresa possa se manter em pé e almejar novos horizontes, a despeito da crise, do governo, do dólar, da bolsa?

Como exemplo disso, posso citar a expressiva recuperação que a Unimed Fortaleza apresentou entre 2014 e 2016, período em que mais se falou de acentuação da crise no Brasil. Nesse período, a empresa saiu de uma situação extremamente difícil para índices econômico-financeiros que nunca haviam sido apresentados em seus 39 anos de existência.

Vou lembrar algo aqui que me parece emblemático e, sem ofender, perguntar: será que essa é a primeira vez que isso está acontecendo no Brasil? Quero dizer: será que essa é a primeira crise que estamos vivendo em nosso país? Talvez a sensação de que a crise de agora seja maior só seja possível porque estamos dentro dela. Mas se olharmos um pouco para trás no tempo, vamos ver que em 2010, 2008, 2006, 2002 etc., ninguém teve vida fácil neste país. Tivemos crise política, crise cambial, crise imobiliária, crise mexicana, crise russa, crise do petróleo, crise do mensalão, crise de colheita, crise de..., enfim, parece que viver sob algum tipo de crise é quase uma condição do nosso povo, para não dizer de nossa espécie – ou você se lembra de algum período em que dinheiro e oportunidades caíam do céu?

Sim, é possível pensar em alguns períodos em que dinheiro e oportunidades chegaram a "cair" do céu. Mas considere, primeiro, que isso é muito raro; e, segundo, o grande problema, como espero que você veja aqui neste livro, não é se dinheiro ou oportunidade vão ou não cair do céu. O ponto não é esse. Uma parte da questão é:

1) o que fazer quando as dificuldades aparecem? E você vai ver como empresários e gestores, e acho que pessoas, de modo geral, têm muita dificuldade em lidar com isso. A outra parte é: 2) como encontrar oportunidades e, nelas, espaço para obter sucesso, de modo perene e consistente?

Se você me acompanha, certamente já começa a perceber que parece ser esse o momento de começar a desconfiar que o fracasso ou o insucesso de muitas empresas não se explica inteiramente pela crise, ou por aquilo que chamamos de crise ao longo do tempo. O que você acha? Na verdade, estou dizendo, e vou tentar mostrar isso, que a crise, por si só, não justifica os resultados ruins de um empreendimento por todo o tempo.

Considere isto: vivemos em crise desde que chegamos a esse planeta. Se tem algo que nos impulsiona no sentido de crescer, melhorar e aprender, isso acontece justamente num momento de dificuldade.

Em suma, não fracassamos por conta de uma crise. Se estamos no comando, devemos olhar em todas as direções (a crise é apenas uma delas). Você não deve concentrar todo o seu arsenal de conhecimento, criatividade, aperfeiçoamento de produtos e serviços para combater apenas um lado da embarcação. O seu objetivo não é esse (combater a crise); navegar é o mais importante, e esse deve ser o foco da sua empresa: crescer, prosperar, antecipar-se e superar obstáculos quando eles aparecerem.

Significa dizer que algo intrínseco e de certa forma interno ao próprio negócio tem mais a ver com os desígnios e o futuro da sua empresa que propriamente uma crise externa. O que seria?

Aprender a cuidar do seu negócio (gestão: cuidar, mudar, adaptar-se)

Pela minha experiência, mas não só por isso, pelo que acompanho de perto e por diversos relatos de amigos empresários e gestores, estou convencido de que o fator de maior influência na definição da trajetória de um empreendimento concentra-se no seu modelo de gestão. Para o bem e para o mal. Mas o que é modelo de gestão, afinal? Vou responder de maneira bem simples: o jeito como você conduz (administra) o seu negócio (pode ser uma área, setor, até sua vida particular). É isso que vai definir quanto você ou sua empresa vão ter sucesso.

Mas vamos simplificar e decompor um pouco mais isso: o que significa administrar um empreendimento?

Bem, essa é uma espécie de pergunta que abre muitas possibilidades. Há tratados que discutem isso profundamente, com teorias, estudos e pesquisas que provam e reprovam uma infinidade de leis e ordenamentos sobre a arte de gerir um negócio. E tudo isso é válido e muito importante para o estudo das empresas, de seus negócios, processos e relações. Mas, como disse, vou dar uma resposta simples, que não invalida nenhum desses tratados, mas que de muitas maneiras resume o que quer dizer *administrar um empreendimento*. Resposta, numa palavra: significa cuidar.

Gerir, administrar, conduzir, dirigir, guiar, enfim, tudo isso pode ser sintetizado nesse verbo essencial na vida das empresas: *cuidar*, o que implica dizer: "olhar para o seu negócio ou empresa, e para tudo o que dele faz parte –

Gerir, administrar, conduzir, dirigir, guiar, enfim, tudo isso pode ser sintetizado nesse verbo essencial na vida das empresas: cuidar, *o que implica dizer: "olhar para o seu negócio ou empresa, e para tudo o que dele faz parte – incluindo, além dos processos e ativos, as pessoas –, com o cuidado que se tem quando tomamos conta de algo que muito nos importa".*

incluindo, além dos processos e ativos, as pessoas –, com o cuidado que se tem quando tomamos conta de algo que muito nos importa".

É uma definição simples, mas exige atenção total. Cuidar significa também conhecer. Conhecer não só *o que se faz*, mas também *como fazer* e *para que fazer* – e aqui abre-se um leque, com ideias e modelos de atuação, procedimentos, gestão etc., que extrapolam as questões técnicas, do ofício propriamente dito.

Exemplo: se você tem uma pequena gráfica, você necessariamente tem que conhecer os processos de impressão, máquinas que vai precisar para imprimir, tipos de papel, tinta, composição, entre outros assuntos. São questões que se ligam à essência do que você faz, à razão do seu negócio (o que alguns chamam de *core business*, ou seja, a essência ou núcleo do fazer da sua empresa). Porém, saber apenas isso para se obter sucesso talvez fosse algo suficiente há trinta ou quarenta anos. Hoje em dia não é mais. Tão importante quanto conhecer tecnicamente o que se faz é também saber *como fazer*, e aqui me refiro fundamentalmente aos processos de trabalho, os quais alcançam áreas ou setores que não estão exatamente ligados ao núcleo do seu negócio. Veja alguns deles:

- Como a empresa será estruturada? – sua arquitetura administrativa.
- Quem vai cuidar do quê? – áreas, setores.
- Quais saberes são necessários para atuar nesse modelo de empresa? – habilidades, competências.
- Como as pessoas serão contratadas?
- Como as pessoas serão remuneradas?
- Como você irá desenvolvê-las?
- Você tem um mapa da sua concorrência? – algo que considere não apenas os seus concorrentes diretos.

- O que você vai fazer para manter as pessoas comprometidas com os resultados que quer alcançar?

Outro passo não menos importante é saber *para que* fazer, *para que* a empresa existe, qual o seu objetivo maior. Essa resposta tem que ser compartilhada por todos que a compõem e deverá nortear todas as decisões a serem tomadas.

Você ainda quer permanecer no mercado? Quer ser maior do que a crise? Então, me acompanhe.

Se você olhar com atenção, vai ver que são coisas simples. E sei que você é capaz de responder em menos de cinco minutos a todas essas questões. Talvez uma ou outra seja novidade, mas, depois de saber do que se trata, sei que não será difícil responder. E aqui outra boa notícia: colocar em prática também não será difícil, tenho certeza. Agora, o que não é fácil é compreender a razão de incorporar essas questões na concepção de um negócio. Compreender que, se não cuidarmos do jeito apropriado – que inevitavelmente sempre terá de ser o melhor jeito –, a probabilidade de sobrevivência com sucesso é muito pequena. Portanto, meu caro, o mais difícil não é fazer, mas aceitar que, se não fizermos as coisas do jeito certo – cuidando delas –, nada vai funcionar. Pelo menos não do jeito que deveria.

Extermine o dinossauro que habita em você – antes que ele o extermine

Se pautarmos nossa vida pelo título deste capítulo ("A mudança como estratégia de futuro"), fica claro que precisamos sobreviver, precisamos estar na nossa melhor condição para perpetuar nossos sonhos, nossos desejos, nossa decisão de construir um empreendimento que irá superar as dificuldades impostas por um mundo implacável, que pune aqueles que ignoram suas transformações.

Podemos dizer que não há uma guerra formalmente instituída, mas a sobrevivência profissional no mundo corporativo de hoje é uma batalha permanente, seja você empresário, empreendedor, executivo ou gestor de pessoas. Em comum, todos precisamos sobreviver, "matar um leão por dia", como dizem aqueles que lutam para estarem vivos – algo que só é possível, no mercado competitivo que atuamos ou no mundo globalizado em que vivemos, caso mudemos e adotemos a mudança como um padrão estável e permanente de transformação de nossas ações. Mudar é nossa arma, e podemos dizer: a mudança é o *passe* para o futuro.

Mas por que mudar é algo tão fundamental nos dias de hoje?

Em primeiro lugar, a mudança é algo que faz parte da vida. É ela que nos põe em movimento, como se fosse o motor de nossas ações – vale lembrar que a mola propulsora de uma mudança se chama crise. Mas considere também que a mudança faz parte da natureza – e certamente do universo, que, por conta de um complicado movimento de forças nem sempre concordantes, está em constante transformação.

Repito: se as organizações são ditas "organismos vivos", então é necessário cuidar da sua saúde, buscando seu pleno funcionamento. E, se são organismos vivos, são organismos "biológicos". Como, segundo Darwin, "não é o mais forte que sobrevive, nem o mais inteligente, mas o que melhor se adapta às mudanças", as organizações que sobrevivem são as que melhor e **mais rapidamente** se adaptam às mudanças e novidades do mercado.

Adaptação é a *chave* da teoria evolucionista de Darwin e também da sobrevivência e do crescimento das empresas. Esse é um ponto interessante que nos ajuda a compreender a razão da mudança. Não

> *Se as organizações são ditas "organismos vivos", então é necessário cuidar da sua saúde, buscando seu pleno funcionamento.*

mudamos por mudar, pelo simples capricho de fazer as coisas de um outro jeito, pela vontade de tentar uma nova maneira de fazer o que fazemos. A mudança é uma espécie de diálogo com o mundo que nos cerca. É uma conversa que estamos tendo com o novo, com o diferente, buscando interpretar seu sentido e responder adequadamente àquilo que nos pedem, em especial, ao que os nossos clientes pedem.

Numa analogia, precisamos fazer gestão como se usássemos o aplicativo de trânsito Waze – e não um GPS convencional. Ambos nos indicarão o caminho para o destino desejado, no entanto o GPS convencional nos mostra uma única rota. Caso haja algum obstáculo inesperado, ele continuará indicando o mesmo caminho. E é isso o que acontece com muitas empresas, que continuam fazendo mais do mesmo, ainda que "aquele mesmo" não dê mais resultado, ou seja, quebram porque se apegam a práticas que há tempos não servem mais.

Já o Waze também nos indica um caminho para o destino desejado, mas vai adequando a rota, em tempo real, a tudo o que acontece no "ambiente", sugerindo-nos sempre os melhores percursos para *aquele momento*.

Isso é complementado por uma frase do exército canadense que diz assim: "Se o terreno e o mapa estiverem diferentes, siga o terreno". A realidade, pelo menos, é palpável.

Em uma palavra: precisamos nos adaptar para continuar no jogo – até porque, se não nos adaptarmos, simplesmente não há jogo, estamos fora, *game over*!

Para reforçar um pouco mais a validade dessa crença, a de que é possível superar adversidades e momentos difíceis, cabe aqui lembrar a existência de relatos que mostram que grandes empresas e negócios foram construídos ao redor do mundo em momentos de enorme dificuldade, recessão, crise e medo. São períodos em que as pessoas, de modo geral, se sentem muito ameaçadas e enfraquecidas e por isso retraem suas iniciativas e paralisam suas ações, com cortes e contenções que atendem a um único propósito: reduzir despesas a qualquer custo, ainda que isso envolva até o, muitas vezes necessário, investimento para conquistar novos clientes e mercados – ou até a pesquisa e o desenvolvimento de uma nova ideia alternativa para tempos difíceis. Nessa posição, essas empresas agem como se o golpe final fosse acontecer a qualquer momento. E ele, infelizmente, acontece.

Pois foi por pensar exatamente o contrário que alguns empreendedores inovaram em meio a um mercado instável e caótico e lançaram produtos que traziam aquela faísca de inovação e adaptação que falamos no início. O creme Nutella – marca do grupo Ferrero – foi criado em 1944, numa Itália devastada pela Segunda Guerra. E surgiu como uma alternativa ao cacau, na época caro e escasso. O mesmo aconteceu com o surgimento da marca Nescafé, da Nestlé. O produto foi criado em 1938, atendendo a um pedido do governo brasileiro, que sofria com a baixa mundial do preço do grão de café – o Brasil era o maior exportador do produto. Hoje, Nescafé é uma das marcas mais valiosas da Nestlé. Os relógios Swatch foram outra resposta criativa a um mercado que, ao longo da década de 1970, entrou em crise de uma hora para outra, quando a Ásia desbancou os relógios suíços, muito caros em relação aos novos produtos. O reloginho de plástico da Swatch deu novo alento ao mercado e garantiu a sobrevivência da marca com estilo, qualidade e baixo custo. O serviço de transporte urbano da Uber também nasceu num momento de turbilhão econômico, em 2008, quando os Estados Unidos tentavam se recuperar da grave crise imobiliária que atingira o país. Dois aspectos contribuíram: 1) com a falta de empregos, muitas pessoas faziam bicos para complementar a renda; e 2) havia de fato uma demanda não atendida adequadamente pelos serviços convencionais. O novo serviço prometia preços mais baixos e flexibilidade para os novos clientes, além de oportunidade para quem quisesse se lançar na nova empreitada.

Há muitos outros exemplos que vou mencionar ao longo do livro. Todos eles têm a característica de que seus mentores estão sempre de olho no mercado, acompanhando as mudanças e tentando se antecipar a elas. Um outro aspecto que conta e faz diferença: o talento das pessoas. É isso que move essas empresas. Se você não criar espaço para que esse talento se realize, não há como ficar muito tempo no mercado.

Na teoria de Darwin, adaptada aqui para os propósitos deste livro, você só tem uma saída: mudar para adaptar-se. Bem, há uma outra saída: a que deixa livre o caminho para os dinossauros. Só que você já sabe o fim dessa história.

Capítulo 2

A EMPRESA NÃO ESTÁ APENAS NA SUA CABEÇA

*A cultura é tudo o que resta depois de ter
esquecido tudo o que se aprendeu.*

SELMA LAGERLÖF

Já não é segredo a necessidade de mudança que tratamos no capítulo 1. Está em todos manuais de gestão, com estudos, gráficos, pesquisas e dados que demonstram por A mais B que ou você muda ou está fora do jogo. Mas então, por que insistimos nisso? Porque isso é uma coisa fácil de entender na teoria, porém de prática difícil. Por exemplo, todos nós falamos de cultura, mas pouca gente aplica uma cultura organizacional forte no meio das urgências do dia a dia. Gestores e empresários têm ainda bastante dificuldade em lidar com esses novos tempos, esses novos processos de gestão. De modo geral, esses líderes são centralizadores, delegam com dificuldade – e quando o fazem, nem sempre delegam o que mais importa –, retêm informações estratégicas para o desempenho e desenvolvimento da equipe, atuam como se carregassem sozinhos a empresa nas costas.

Preciso deixar claro que, para mim, delegar é atribuir funções a alguém capaz de realizar o que se pede, dando-lhe condições para fazer, e liberdade para inovar. Delegar não é, em hipótese alguma, apenas *mandar fazer*.

O irônico dessa situação é que hoje em dia as pessoas, enquanto colaboradores, estão de muitas formas se antecipando e tomando contato com a dinâmica desses novos processos de gestão, que valorizam a atuação humana. Seja em cursos técnicos ou mesmo nas escolas tradicionais, o fato é que de muitas e diferentes maneiras essas instituições de ensino buscam apresentar e aproximar essa nova realidade do mercado aos alunos, de modo que eles cheguem às empresas mais abertos e disponíveis para colaborar e atuar no novo ambiente, atendendo assim aos novos desafios propostos pela atualidade. Mas o que acontece em muitos desses casos, principalmente em empresas de pequeno e médio portes? Essas pessoas se frustram, são subestimadas, ficam isoladas ou à parte das decisões tomadas por seus gestores. Quase sempre essas pessoas ficam estagnadas, como se parassem no tempo, alheias aos movimentos corporativos, atuando mecanicamente e respondendo apenas quando incitadas – e raramente por iniciativa própria.

> *Delegar é atribuir funções a alguém capaz de realizar o que se pede, dando-lhe condições para fazer, e liberdade para inovar. Delegar não é, em hipótese alguma, apenas mandar fazer.*

Não há surpresa, portanto, quando esse pessoal deixa a empresa de uma hora para outra, às vezes por diferenças salariais ínfimas ou por atrativos mínimos que apenas prometem uma oportunidade melhor de atuação.

O diagnóstico aqui é relativamente simples: medo de mudar. E esse medo não apenas faz com que a empresa emperre sua marcha como a incentiva a fundamentar esse emperramento no passado. Bem ao velho estilo de gestão, na linha do "manda quem pode obedece quem tem juízo", em que se ressuscita o modelo paternalista de administrar negócios, caracterizado pelo formato patrão-empregado, comando-controle, em que o primeiro é o senhor absoluto de tudo e de todos, e o segundo, alguém que precisa ser protegido e vê no emprego uma oportunidade de segurança – e não de desenvolvimento.

É claro que isso não se dá inteiramente nos moldes da velha guarda. Afinal, não se pode ignorar os avanços da tecnologia, das ferramentas digitais, das redes sociais etc. É claro que elas serão usadas. Só que, nesse caso, tudo isso é feito para reforçar o velho comportamento de gestão. A hierarquia continua sendo rígida, modelar, restritiva, mas os superiores agora se comunicam com os seus subordinados por WhatsApp – para emitir ordens, cobrar resultados, agendar compromissos –, estando às vezes do lado deles, numa mesma sala. Os líderes nessas empresas não compartilham seus projetos e têm uma visão absolutamente distorcida do papel desempenhado pelas pessoas em suas organizações.

O bom atendimento começa em casa

Qual é a saída? Sugeri há pouco que o caminho da mudança é o único capaz de trazer alternativas para o futuro. Acredito que não há outro. Mas o caminho da mudança é, na verdade, a soma de muitos outros. Afinal, pensar a mudança implica concebê-la como processo, como estratégia. Você precisa tocar em vários pontos do seu negócio para que consiga uma mudança consistente, funcional e eficaz. Minha sugestão é que ela comece com você, a partir do momento que você passa a avaliar o seu modo de agir no mundo, de pensar seus problemas e desejos, de priorizar suas ações, de como se relaciona com as pessoas, mas sempre contrapondo tudo isso aos resultados, prazeres, benefícios e dificuldades advindos desse seu modo de agir e de se comportar.

Acredito que exista uma relação de causa e efeito em tudo, tanto na vida como, certamente, na empresa. Se você deixa de fazer algo importante numa determinada área, isso irá gerar certo tipo de reação. Tudo está relacionado. Desprezar essa combinação de aspectos é um erro. Se você não cumprimenta adequadamente seu colaborador, não espere que ele seja sincero com você. É o mesmo que acontece quando um funcionário não atende bem a um cliente: ele muito provavelmente não voltará à sua empresa se tiver uma alternativa melhor. Você talvez possa pensar: "Eu não preciso tratar bem o meu colaborador para que ele trate bem o meu cliente". Bem, se você pensa assim, sinto muito; você vai acabar perdendo tanto o cliente quanto o colaborador.

Como harmonizar as diferentes variáveis de um empreendimento de modo a se conquistar excelentes resultados para todos e de modo permanente?

Algo que considero como um dos primeiros passos a se tomar é buscar a verdadeira unificação da empresa, que todos pensem e ajam guiados por um objetivo maior, sem que o foco seja esse ou aquele departamento, mas a empresa como um todo.

> *Algo que considero como um dos primeiros passos a se tomar é buscar a verdadeira unificação da empresa, que todos pensem e ajam guiados por um objetivo maior, sem que o foco seja esse ou aquele departamento, mas a empresa como um todo.*

Vou mencionar um exemplo que ocorreu na Unimed Fortaleza. Quando iniciei na empresa, havia áreas e setores muito desconectados uns dos outros, ou seja, uma imensa fragmentação. A empresa tinha cinco diretorias, as quais, também por razões políticas, eram muito independentes – o que fazia com que elas, de alguma forma, concorressem entre si. A diretoria comercial, que assumi, era um setor com problemas de relacionamento com praticamente toda a organização. Não bastasse isso, estávamos em um contexto em que a empresa, com 36 anos de existência naquele momento, há mais de uma década não apresentava resultado operacional positivo e ainda se encontrava em plano de recuperação perante o seu órgão regulador – a Agência Nacional de Saúde Suplementar (ANS) –, correndo sérios riscos de sofrer intervenção ou de até ser liquidada.

Essa excessiva departamentalização ou fragmentação – que acaba gerando desunião – é muito comum dentro das empresas. O curioso é que certos departamentos são criados com o propósito de organizar melhor o negócio, mas acabam, se não tomados alguns cuidados, por colocar áreas e departamentos inteiros em uma disputa cujo vencedor nunca é a empresa.

Na Zappos, por exemplo, uma gigante americana do *e-commerce* – e da qual vou trazer alguns exemplos ao longo do livro –, que adota um sistema de gestão em que a estrutura hierárquica é substituída por um modelo de distribuição de autoridade – chamado às vezes de *holocracia* ou até de *managerless* (ou "sem gestores", em tradução livre) –, não há gerentes nem setores formalmente definidos. Mas isso não significa que não haja interação entre as pessoas na empresa – são criadas situações que acabam forçando o contato entre os funcionários, como quando, por exemplo, eles são levados a buscar alimentos ou bebidas saudáveis num ambiente diferente daquele em que eles trabalham (mas dentro da empresa), e isso faz com que as pessoas se desloquem, encontrem umas com as outras, movimentem-se e interajam entre si. Essa interação permite que elas se conheçam e possam trocar informações simples, às vezes banais, até ideias sobre o que estão fazendo no momento, a eventual dificuldade num projeto, ou uma alternativa casual que poderá ser aproveitada em outra área. O princípio dessa iniciativa é criar possibilidades para que elas se relacionem, rompam barreiras e troquem ideias, conhecimento, interesses etc. Isso é bom para as pessoas e ainda melhor para a empresa.

Infelizmente não é isso que acontece na maioria das companhias. De modo geral, é bem comum que as pessoas de determinado setor pensem apenas na própria área – muitas vezes incentivadas a isso pelo seu gestor – e desconsiderem a meta estratégica da organização. Nas interações casuais que acontecem nessas organizações, as pessoas falam amenidades, e os laços, como disse, são eventuais, quase acidentais, não há espaço para aprofundar conhecimentos e, em muitas companhias, é possível que exista até um incentivo ao silêncio e ao segredo, o que faz com que as pessoas imaginem ou inventem coisas que pouco ou nada têm a ver com a realidade – o que, convenhamos, não é nada salutar para a empresa nem para os funcionários. Ora, como o seu colaborador pode ajudar sua empresa se ele não sabe o que você espera dele, no sentido de contribuir para o crescimento do negócio? Nessa visão, dependendo do tamanho da empresa, é cada um por si, e cada setor precisa ter o melhor desempenho possível, mesmo que para isso os outros setores sejam prejudicados.

Uma das principais características do bom gestor, no meu modo de ver, é justamente a capacidade de identificar esse tipo de situação e saber que ele precisa trabalhar para a empresa **na sua totalidade**, ajudar, inclusive, os próprios setores e departamentos a terem como meta principal atingir os resultados que a empresa, como um todo, está buscando – e com isso evitar ou impedir esse tipo de departamentalização, fragmentação ou concorrência interna.

É claro que há um tipo de concorrência saudável – que chamo de "concorrência colaborativa" –, em que as pessoas e os próprios departamentos ajudam uns aos outros até como meio de atingir as próprias metas e resultados previstos. Essa é uma concorrência *a favor*, como disse, *colaborativa*. A competição que se estabelece aqui é do tipo que premia quem colabora mais para que todos entreguem na mesma intensidade.

Quando isso acontece, você tem um time, uma empresa, com todos jogando a favor.

No entanto, é muito mais comum a concorrência perniciosa, com brigas internas e com gestores que escondem dados uns dos outros. Isso acontece em toda parte, em grandes empresas, principalmente, quando uns querem aparecer mais que os outros e, muitas vezes, para isso, sabotam informações ou distorcem resultados para que *alguém* apareça mais do que deveria ou para que *um outro qualquer* não seja reconhecido por seus resultados.

É um problema de ego, de autoafirmação e de insegurança (algo que historicamente acompanha o ser humano), que se alastra por muitas empresas com péssimos resultados para todos, com demissões injustas e, muitas vezes, com promoções equivocadas.

No nosso caso, a diretoria comercial da Unimed Fortaleza só tinha uma escolha: fazer "boas vendas", ou seja, vendas que deixassem uma boa margem para a empresa, e conseguir melhorar o resultado das carteiras de clientes já existentes. Mas, para isso, a minha primeira ação foi determinar, disseminar e dar exemplo da **cultura** que eu queria para o nosso setor: **cortesia com resultados**. E isso, para mim, não seria difícil, pois sempre acreditei que tratar bem todo mundo era algo, além de prazeroso, extremamente efetivo na obtenção de bons resultados.

Percebi que se respeitássemos os outros, os nossos "concorrentes" internos, se nos déssemos bem uns com os outros, e isso em todas as áreas da empresa, certamente teríamos melhores resultados.

Mas tudo isso se deu a duras penas, derrubando muitas barreiras existentes e, inclusive, desligando pessoas que defendiam e nutriam aquele comportamento beligerante, independentemente do resultado que apresentavam. Buscar essa unidade e o bom relacionamento foi algo que passou a ser minha meta pessoal e que me acompanhou, e acompanha, todos os dias naquela empresa, pois sabia que tudo começaria com os exemplos que eu mesmo deveria dar.

E acho que isso foi um grande acerto!

No entanto, para conseguir essa **integração**, que reputo ser fundamental em qualquer empresa, três fatores são primordiais por parte de todos, em especial do líder:

1. **Humildade** – para aceitar que, independentemente do cargo, posição ou setor, a empresa é maior que todos separadamente.
1. **Desapego** – para abrir mão da individualidade em prol da coletividade.
2. **Visão do todo** – para buscar sempre atingir os objetivos estratégicos da empresa, e não os objetivos pessoais ou de cada área.

Tratar bem e respeitar as pessoas são aspectos que se distinguem numa relação – e não importa o ambiente. Tem tudo a ver com uma empresa que preza pela saúde das pessoas. Aquele que é tocado por uma atenção especial sempre será grato e tentará retribuir essa gentileza.

Tratar bem tem a ver com humor e disposição. Lembro aqui que Daniel Goleman – criador do conceito de "inteligência emocional" (falarei sobre isso mais à frente, no capítulo 4) – menciona alguns estudos que mostram que o humor do líder influencia não só o humor das pessoas como o resultado financeiro do negócio, isso porque o líder (quando bem-humorado) consegue unificar e trazer aquele clima de prosperidade, de afirmação e de alegria que contagia positivamente toda a empresa. Quando isso não ocorre, quando o líder é mal-humorado, ele acaba estimulando a departamentalização e as brigas internas – e aí, obviamente, as chances de péssimos resultados aumentam bastante.

É claro que o líder não precisa ficar contando piada o tempo todo. Não é a esse tipo de humor que me refiro. Mas àquela expressão de entusiasmo, de adotar a postura de estar sempre de *portas abertas*, disponível para ajudar e indicar o melhor caminho, compartilhando acertos e celebrando resultados.

Vale dizer que resultado, no sentido que quero destacar aqui, é um conjunto de aspectos positivos, entre os quais fazem parte os resultados financeiros, a satisfação do cliente e do colaborador, a qualidade do produto, a efetividade do atendimento e a projeção da marca. Resultado não é um dado frio, numérico e estático, mas algo cumulativo, que se desdobra e impacta de diferentes modos a percepção das pessoas, sejam elas clientes, gestores, colaboradores ou a comunidade em geral.

Valores: suas referências para agir

Um ponto importante a ser destacado nesse momento é o que trata de valores, que são os princípios que regem a vida de uma pessoa ou a existência de uma organização – ou que, pelo menos, deveriam reger. Valores são o conjunto de tudo o que move uma pessoa ou uma organização. É tudo aquilo do qual não se deve abrir mão, caso contrário haverá incômodo, dor ou até sofrimento.

Os valores diferem de pessoa para pessoa e, consequentemente, de empresa para empresa. Objetivamente falando, o que conta é saber se a pessoa atua ou não segundo os valores que tem para si.

> *Valores são o conjunto de tudo o que move uma pessoa ou uma organização. É tudo aquilo do qual não se deve abrir mão, caso contrário haverá incômodo, dor ou até sofrimento.*

Os valores também são hierárquicos. Por exemplo, caso você tenha como valor principal (1) "ajudar os outros" e como valor secundário (2) "pontualidade", você fará de tudo para não chegar atrasado (2) a um compromisso, mas permitirá que isso ocorra se for necessário prestar auxílio (1) a alguém necessitado.

O que quero demonstrar aqui é a importância de definir valores para suas ações. Se você age segundo as escolhas que tem para si, é mais fácil decidir o que é melhor ou o mais adequado numa determinada situação – além de trazer mais coerência e sentido para os seus atos.

Os valores guiam nossas decisões e é através delas que traçamos nosso destino. Por essa razão, um líder ou gestor precisa definir quais são seus valores, quais são aquelas coisas das quais ele não abre mão e que são inegociáveis para ele.

Quando um gestor reúne um conjunto de valores numa empresa, ele está dando um importante passo para formatar a cultura desse empreendimento – é essa cultura que deverá balizar todas as ações das pessoas envolvidas nesse negócio.

Tão importante quanto definir os valores é saber por que uma empresa existe, qual a sua razão e aonde ela quer chegar. Normalmente isso se inscreve nos Valores, na Missão e na Visão da empresa.

No entanto, aqui cabe um comentário mais detalhado. Grande parte das empresas tem esse planejamento estratégico, cujo pressuposto é a definição da Missão, dos Valores e da Visão, mas o que acontece é que, na maioria das vezes, esse planejamento serve apenas para enfeitar uma parede em um belo quadro. É claro que as pessoas percebem essa incoerência. Um discurso moderno em meio a práticas arcaicas não vai fazer sucesso em lugar algum.

Quando se fala de valores, está se falando de algo inegociável, que deve nortear todas as ações de todas as pessoas dentro da empresa.

Quando se fala de valores, está se falando de algo inegociável, que deve nortear todas as ações de todas as pessoas dentro da empresa. Se, por exemplo, cortesia é um valor da organização, não há o menor sentido em ter alguém, por mais capacitado que seja, que aja frequentemente com rispidez ou com grosseria.

Durante o curso APG Sênior com Oscar Motomura, fui apresentado ao conceito de Jack Welch, que foi CEO da General Eletric Company (GE). Segundo ele, por muitos anos, as empresas têm os seguintes tipos de colaboradores:

1. Os que têm os valores da empresa e apresentam resultado – esses são o sonho de todo gestor.
2. Os que têm os valores, mas não apresentam resultado – deve-se tentar achar um lugar onde esses possam mostrar os resultados, antes de se decidir pela demissão. Não são necessariamente as pessoas erradas. Podem ser as pessoas certas, mas apenas nos locais errados.
3. Os que não têm os valores e nem apresentam resultados – situação mais fácil de resolver. É preciso demiti-los.
4. Os que não têm os valores, mas apresentam resultados – essa situação é mais difícil. A tendência é que haja medo de mexer com essas pessoas, pois elas, bem ou mal, apresentam resultados. No entanto, no médio prazo, essas pessoas podem prejudicar demais a empresa, pois não estão alinhadas. Na minha opinião, devem ser desligadas.

Também é importante entender por que a empresa existe, qual é o seu verdadeiro motivo ou razão de funcionar e qual é a sua missão. Todas as definições devem se basear nisso. E a resposta não deve ser apenas "para ter lucro". Ter lucro é um objetivo da empresa, sem dúvida, mas esse lucro não deve ser obtido a qualquer custo. Essa é a diferença. Deve-se deixar bem claro que a empresa existe para ter lucro fazendo e agindo de determinada forma, para atender determinado público, em determinada região, com determinados produtos e/ou serviços.

Por fim, deve-se saber aonde a empresa quer chegar. Existe uma analogia muito simples e interessante: a relação de onde se quer chegar ou estar com um grande quebra-cabeça. Saber de forma bem clara aonde se quer chegar, embora pareça algo muito lógico, é também algo que boa parte das pessoas e empresas não sabe. Não se dedica tempo para tal planejamento, em especial em empresas menores. E isso ocorre da mesma forma com os indivíduos. Em geral, as pessoas trabalham tanto que não têm tempo de planejar aonde querem chegar. E isso é algo muito grave, pois, ao não se saber qual o destino desejado, corre-se o risco de acumular atividades ou de dar passos em um sentido que nada tem a ver com o que se quer, ou seja, de se pegar peças que não componham o seu "quebra-cabeça". Nesses casos, o risco de se ficar no mesmo lugar – ou ir a qualquer outro indistintamente – é muito alto.

Dedicar tempo à estratégia da empresa é fundamental, pois quaisquer ações dos envolvidos devem estar vinculadas a isso.

Cultura, o rosto da empresa

Após valores, o ponto fundamental a ser debatido é a questão da cultura – aqui considerada, de forma muito simples e objetiva, como o conjunto de práticas e valores vividos no ambiente empresarial. Justamente um dos principais pilares do sucesso das organizações é a sua cultura.

> *Cabe a você, líder e gestor, definir qual cultura quer para o seu setor e para sua empresa, divulgar essas orientações fortemente entre os colaboradores e, principalmente, dar exemplos disso.*

Toda e qualquer empresa terá a sua cultura, a alta gestão querendo ou não. Cabe aos gestores definirem qual cultura eles optarão para a sua organização e difundi-la de maneira intensa e eficaz, principalmente através de exemplos. Se você não determina que cultura quer para a sua organização, as pessoas agirão da forma como bem entenderem. Por exemplo, se você não determina o modo como seus clientes devem ser atendidos, uma pessoa pode achar que deve atender de forma muito séria, enquanto outra pode achar que deve atender de um jeito, digamos, mais simpático; e uma outra pode achar que deve ser rápida, ou lenta, e todos estarão certos, pois não tiveram uma orientação, um parâmetro nem um exemplo de como agir.

Cabe a você, líder e gestor, definir qual cultura quer para o seu setor e para sua empresa, divulgar essas orientações fortemente entre os colaboradores e, principalmente, dar exemplos disso.

No entanto, isso tem que ser pensado, e praticado, de modo integrado – como sugeri anteriormente. Não há o menor sentido em, por exemplo, definir que é necessário um atendimento de excelência aos clientes se você, líder, trata os seus colaboradores de forma ríspida e dura. Não só não há sentido nisso como, obviamente, não irá acontecer.

Uma das formas de conseguir o engajamento dos colaboradores quanto à cultura, mas também quanto a qualquer outro objetivo, é mostrar-lhes o **porquê** daquilo que você quer. Não comece pelo **o quê** ou pelo **como**. Quando as pessoas entendem o **porquê** ou a razão de algo, assimilam e aceitam de forma mais efetiva.

O modelo de gestão adotado na Disney deixa muito claro para todos os seus colaboradores qual a sua cultura e qual o seu **porquê**. O autor Patrick Lencioni mostra, usando o modelo usado pela Disney, como estabelecer uma cultura em qualquer ambiente:

Os 4 passos da cultura

1º passo: crie a clareza

Defina o que você quer. Para a Disney, a segurança está, em primeiro lugar, em tudo. A cultura desejada é *o atendimento de excelência com garantia absoluta de segurança para os seus clientes*. Com esse objetivo, foi criado o slogan "Safe D begins with me", que quer dizer: "A segurança na Disney começa comigo". Fica, então, muito claro para todos que a segurança é o foco a ser trabalhado.

2º passo: reforce a clareza

Repetição gera padrão. Além de ser criado, o elemento principal da cultura deve ser reforçado entre todos. Dessa forma, o slogan criado é difundido por toda parte, através de buttons, camisas, cartazes, músicas e vários outros meios.

3º passo: exagere a clareza

Envolva as pessoas. Além de criar e reforçar, a Disney exagera no que quer difundir. Até nos degraus das escadas, nos bastidores dos parques, há o slogan "Safe D begins with me".

4º passo: exemplo através da liderança

Líderes dão exemplo de como as coisas devem acontecer. De nada adianta criar, reforçar e exagerar se os líderes não agirem conforme querem que os seus liderados ajam.

Tenho funcionários desde 2000 e nunca precisei elevar o tom de voz para atingir excelentes resultados. Nesse período, precisei demitir muita gente, até porque, como veremos mais à frente, acredito fortemente na necessidade e na força de um *turn over* bem conduzido.

A Ford, por exemplo, vinha com grandes dificuldades quando, em 2006, Alan Mulally assumiu a presidência da empresa, que à época estava à beira da falência. Um dos problemas evidenciados por ele foi o completo desalinhamento das equipes de trabalho, e a agressividade entre as pessoas chegava a ser um fator de destaque. A companhia estava completamente fragmentada em muitas empresas menores, que competiam fortemente entre si.

A saída encontrada por Alan foi fazer com que as equipes de gestores trabalhassem de forma mais colaborativa, promovendo reuniões periódicas, nas quais os executivos se reuniam para trocar informações dos seus setores ou unidades. Na verdade, o que Alan Mulally fez foi introduzir uma cultura de compartilhamento de informações e de ajudas mútuas. Embora tenha tido muitas dificuldades no início, o executivo deixou a empresa em 2014 quando ela já apresentava cinco anos seguidos de lucros.

Então, defina qual cultura você quer para a sua empresa ou setor; divulgue isso fortemente entre seus colaboradores e, principalmente, passe a ser o maior exemplo de tudo isso. Assim, certamente, em pouco tempo a cultura definida estará disseminada entre todos.

Capítulo 3

PESSOAS, PESSOAS, PESSOAS (GESTÃO HUMANIZADA)

*Conhecer o ser humano.
Essa é a base de todo o sucesso.*

CHARLES CHAPLIN

Caro gestor, quero fazer um alerta: tudo o que falamos até aqui, e também o que falaremos mais adiante, tem como pressuposto o seguinte ponto, que é essencial para mim: pessoas são o maior diferencial numa empresa. Esse é um aspecto central do que entendemos ser uma gestão de sucesso, que faz as coisas acontecerem. É o que vem fazendo a diferença na gestão dos meus negócios e na minha trajetória enquanto gestor. E isso precisa ficar claro, porque há muitos que, mesmo nos dias de hoje, ainda não acreditam nisso. Acham que produtos ou serviços são os fatores mais importantes – e, portanto, os grandes diferenciais de um negócio –, ou que os recursos materiais, tecnológicos e até financeiros são mais relevantes que as pessoas.

| *pessoas são o maior diferencial numa empresa.* |

Esse é um equívoco lamentável, e custa caro, no fim das contas, para os negócios. Não é assim que as empresas funcionam hoje em dia, nem é assim que o mercado "pensa" e ordena sua dinâmica. Isso é algo simples de constatar: você pode ter realmente um produto ou serviço revolucionário, e certamente ele será a razão de todo o aparato gerencial do seu negócio. Isso significa que será em torno dele que você irá construir sua empresa, desenvolver seus canais de venda, adquirir bens, e assim por diante. No entanto, se você não tiver pessoas envolvidas em pensar e fazer esse produto ou serviço – pessoas pensando, atuando e criando de forma decisiva e diferenciada –, o seu negócio não irá resistir por muito tempo.

Você pode perguntar: "Se eu tenho um produto revolucionário, desses que chegam ao mercado e logo se transformam em campeões de venda, por que precisaria investir nas pessoas? Basta contratá-las para fazer o que quero e pronto, certo?". Não, não é bem assim. Uma empresa pode aproveitar uma onda de vendas, digamos, no lançamento de um produto, que aparece como uma febre, com um preço matador, sem dar a menor chance para a concorrência durante determinado período. Sim, pode-se ganhar dinheiro desse jeito, num primeiro momento. Mas esse é um modelo que não garante a perenidade de um negócio, não é o que chamaríamos de um modelo sustentável ao longo do tempo.

Se você é o único vendedor de água mineral num lugar que se parece com um deserto, é provável que você reine por certo tempo sem se preocupar com processos de gestão. Mas se tiver um só concorrente, terá de se diferenciar dele. E nos dias de hoje isso vai além de ter um preço melhor, mais qualidade no produto ou serviço, tecnologia etc. – aspectos em que o seu concorrente poderá se igualar a você. O ponto em que suas chances realmente aumentarão é a maneira como você irá cuidar das pessoas que trabalharem com você, dando-lhes oportunidades de desenvolvimento e, logicamente, espaço para que contribuam com o crescimento do seu negócio, seja com ideias, atuação impecável, compromisso e entrega.

No entanto, o mercado não é um deserto e nem atuamos sozinhos. As empresas que despertam para essa nova realidade sabem que precisam investir em pessoas para sobreviver de maneira consistente. E, nesse aspecto, acabam, de muitas formas, se parecendo umas com as outras. Isso, claro, não chega a ser um problema, tendo em vista que o princípio que norteia as empresas inteligentes é a crença irrevogável de que é preciso valorizar e desenvolver pessoas permanentemente. Você pode dizer: "Mas se isso o meu concorrente também poderá fazer, como vou me diferenciar?". Bom, existem muitas maneiras para se obter sucesso. Atualmente, todas partem da premissa de que sem pessoas engajadas não se chega a lugar algum. Esse é o ponto em que todas os empreendimentos inteligentes se assemelham. A partir daí, cada empresa se torna única, cada uma delas passa a ter a própria história e certamente irá perpetuá-la de um jeito próprio, singular e significativo para o próprio meio, isto é, para seus clientes, colaboradores, fornecedores, mercado e comunidade. É o que todas devem fazer, cada qual a seu modo. Ficará de fora quem não fizer isso, quem deixar de ver nas pessoas o grande diferencial do seu negócio.

> As empresas que despertam para essa nova realidade sabem que precisam investir em pessoas para sobreviver de maneira consistente.

Antigamente, tinha poder quem tinha terra. Esse era o grande ativo das maiores organizações. Na década de 1970, o diferencial das empresas passou a ser as máquinas. Quem tinha as mais modernas, e em maiores quantidades, mandava no mercado. O preço final dos produtos e serviços, aliado a aspectos como qualidade e durabilidade, era, de longe, muito mais importantes do que as pessoas, tidas como mera "mão de obra", pois não eram contratadas para pensar nem opinar, apenas para trabalhar e obedecer.

Na década de 1980, com início no Japão, veio a onda da "qualidade". Apostar nisso passou a ser uma forte tendência mundial para as grandes organizações, que viam aí uma oportunidade de diferenciação ou vantagem competitiva. Nos anos 1990, foi a vez dos processos. Apareceram as "ISOs", que foram muito importantes, e logo se tornaram moda e tendência entre as corporações do mundo inteiro. Já a década de 2000 foi marcada pela difusão da "tecnologia da informação", que, rapidamente, dominou o mundo – como podemos ver ainda hoje. No entanto, tudo isso virou *commodity*, ou seja, o mundo todo tem acesso a tudo isso. Dessa forma, atualmente, o grande diferencial das empresas, independentemente do tamanho ou da região em que estejam, são as pessoas.

O tempo em que uma empresa se resumia a uma mera operação de compra e venda de produtos ou de serviços já não cabe mais no presente. Os negócios, assim como seus processos, se sofisticaram muito, e não há espaço no mercado para amadores. O peso das pessoas é tão importante que muitas empresas, mesmo nestes tempos de altos índices de desemprego, têm dificuldades de contratar gente – e sofrem por isso. Há muitas vagas abertas, em postos estratégicos, que são preenchidas, com muita dificuldade, por pessoas qualificadas. Esse vão entre oportunidade e carência de qualificação é muito custoso para as empresas – e, no final, para o próprio país.

A realidade é que há um baixo número de pessoas qualificadas. Consequências: 1) empresas que contam com pessoas qualificadas em seus quadros precisam fazer o máximo para retê-las, o que significa desenvolvê-las permanentemente; 2) empresas que não têm pessoas assim precisam urgentemente pensar em meios de desenvolver seus quadros, a fim de manter um padrão de excelência nas ações de seus colaboradores – como meio de manter a empresa viva, ativa e sempre inventiva; e 3) empresas que não possuem pessoas qualificadas e nem pensam em desenvolver as que ainda restam em suas dependências – estas estão perdidas!

Isso acontece em todas as áreas. A informatização dos sistemas tem cada vez mais relegado às pessoas o exercício de funções intelectuais. É preciso entender de processos, entender de estruturas, programas, aplicativos e não só; considere que isso é atualizado o tempo todo, considere que os dispositivos se interconectam e usam diferentes linguagens e que as pessoas, para fazerem o que fazem, precisam ter um olhar mais apurado em relação ao que acontece na empresa – sem mencionar no próprio mercado. Você vai a um restaurante, por exemplo, e pode fazer um pedido eletrônico ao garçom ou anotar diretamente num tablet os pratos e bebidas que irá consumir. O pedido será imediatamente recebido num terminal pelo cozinheiro. E o cozinheiro terá de processar o pedido, verificar no estoque eletrônico se o prato pode ser montado da maneira solicitada, enfim, terá de fazer algumas operações num computador antes de ir para o fogão. Ora, não basta mais apenas saber cozinhar para ser um cozinheiro requisitado pelos restaurantes. Além disso, é preciso entender de sistemas, de gestão de processos, de ambientes virtuais, de comunicação integrada, de atendimento. Se você não moderniza sua gestão – o que implica investir em pessoas –, não há como sobreviver seja no ramo de alimentação, seja em qualquer outro segmento do mercado.

Mas, veja, essa é uma parte da história. E faço aqui uma ressalva importante: é preciso modernizar a gestão, atualizar suas ferramentas de comunicação, interligar a empresa, sim, tudo isso é fundamental, mas atenção: nada disso vai resultar em bons negócios se o principal – que vem a ser o básico – não for cumprido. Se sua empresa não atender bem ao cliente, não há tecnologia que irá convencê-lo a voltar. Foi justamente isso que pensei depois de conversar com um amigo, dono do restaurante Tilápia – aliás, excelente lugar tanto pela comida servida como pelo atendimento –, em Fortaleza, no Ceará. O nome dele é Valdir, e conversávamos sobre uma palestra que eu havia dado na semana anterior ao nosso encontro sobre "Excelência no atendimento". E ele me disse o seguinte:

Elias, atendimento é tão importante que se um cliente for a um restaurante e a comida for maravilhosa, mas ele for mal atendido, provavelmente esse cliente não vai voltar ali. Agora, se esse cliente for a um restaurante e for muito bem atendido, mesmo que a comida não seja tão boa, ele dirá: "Errei o prato", e provavelmente voltará para experimentar uma outra opção, porque o atendimento foi muito bom.

Estamos falando do básico, do essencial. É preciso ter um olho no horizonte, no futuro, mas se você sofisticar muito a sua gestão, sem cumprir aquilo que o seu cliente exige como essencial, as coisas não vão acontecer.

Um estudo da consultoria Accenture, intitulado "High Performance in the Age of Customer Centricity" [Alto desempenho na era da centralização do cliente], feito com 4.100 consumidores de oito países, nos cinco continentes, mostra, numa primeira parte, por que um consumidor deixa de ser cliente de uma dada empresa. A resposta é surpreendente: 68% dos entrevistados disseram que a principal razão era "Atendimento inadequado". Apenas 9% disseram que era por causa do preço. Os outros itens mencionados são esses:

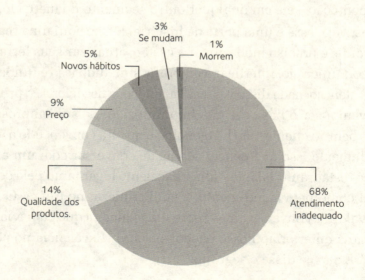

PESSOAS, PESSOAS, PESSOAS (GESTÃO HUMANIZADA) | 61

As pessoas deixam de ser clientes principalmente por receberem um "atendimento inadequado". E a gente, do lado de cá da empresa, sempre com muita dificuldade em perceber isso, imagina que a pessoa está deixando de ser nossa cliente por causa do preço. Mas vamos lá: o que seria um atendimento adequado? Ou, como a própria pesquisa definiu numa segunda fase, feita agora com mais de 9.500 pessoas: "Na visão dos clientes, o que é um atendimento de excelência?". Veja as respostas:

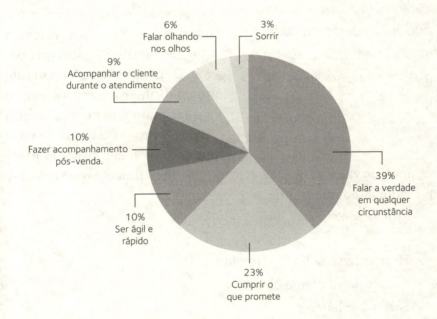

Ou seja, mais da metade das pessoas, 62%, diz que atendimento de excelência é "falar a verdade" e "cumprir o que prometeu", o que me parece ser uma obrigação de qualquer empresa. Apesar de surpreendentes, esses dados encontram, infelizmente, amplo respaldo na realidade – na nossa realidade em particular. Basta lembrarmos dos serviços contratados de telefonia, TV por assinatura, entre tantos outros, para termos ideia de quanto sentido faz esse estudo. Por outro lado, mostra também a carência dos clientes, de um modo geral. Por isso, volto aqui ao exemplo do meu amigo Valdir: antes de buscar algo muito inovador, de se cercar de tecnologia, faça, em primeiro lugar, o básico: fale a verdade, respeite o cliente e cumpra o que prometeu. Outro estudo mostra que 55% das pessoas estão dispostas a pagar mais para ter um produto ou serviço com mais qualidade. E aí entra um conceito que resume bem isso, que é a diferença entre valor e preço. Preço é a quantia que você paga. Valor é o que você atribui àquilo que pagou. Ora, muito mais importante que o dinheiro que você paga é a qualidade que atribui àquilo que comprou. Portanto, se você quiser que o seu negócio prospere, agregue valor ao que faz. E lembre-se: atendimento de excelência é um valor fundamental nesse processo.

> *Preço é a quantia que você paga. Valor é o que você atribui àquilo que pagou. Ora, muito mais importante que o dinheiro que você paga é a qualidade que atribui àquilo que comprou.*

As dicas são:

- Humanize o seu atendimento.
- Preocupe-se com o cliente.
- Fale a verdade.
- Cumpra o que prometeu.

Pilares para a gestão de pessoas

De forma simplificada, e com base em minha experiência e nos resultados atingidos, divido a gestão das pessoas em três pilares: **contratação, desenvolvimento e liderança**.

1. Contratação

Se um líder contratar pessoas erradas, todo o restante do processo terá uma chance grande de dar errado. Sempre que contrato pessoas, não tenho pressa alguma para decidir, principalmente para cargos estratégicos. Em geral, sigo o que aprendi em uma visita à Zappos, em Las Vegas, na condição de membro de um grupo liderado pelo mestre Roberto Shinyashiki. Lá, quando um cargo está vago, eles põem algum colaborador nesse posto, de forma interina, e abrem o processo seletivo. Esse colaborador também participará da seleção para o cargo definitivo, e cada concorrente será avaliado por dois times, um técnico e um de cultura e valores. Para ser escolhido, o candidato precisará ser aprovado pelas duas equipes. Esse processo chega a durar dez meses.

No meu dia a dia, uso as seguintes premissas para contratações, em ordem hierárquica:

- **Integridade, demais valores e comportamento:** de longe, integridade é o principal valor para mim, algo inegociável. Sem ela, nada do restante servirá, por melhor que seja. Disso não abro mão. Os demais valores e comportamentos também são peças-chave nesse processo. É fundamental que essas características do colaborador se assemelhem às do líder e às da empresa. O ideal é termos em nossas equipes pessoas que pensem de forma diferente, mas que se assemelhem em valores. É muito mais fácil desenvolver uma habilidade necessária para um cargo do que mudar um valor ou um comportamento.
- **Boa vontade:** sem ela, de nada adianta a integridade e os demais valores e comportamentos. Aliás, *boa vontade* deveria estar na lista dos valores de toda empresa.
- **Experiência e currículo:** são, sim, importantes, mas não podem ser os únicos fatores decisivos em uma contratação.

2. Treinamento e desenvolvimento

Aqui, aparece um grande dilema para líderes e muitas organizações:

"Se nós o desenvolvermos e ele sair?".

Mas logo em seguida vem a outra questão:

"E se não o desenvolvermos e ele ficar?".

Dessa forma, prefiro usar a seguinte solução:

"Desenvolva as pessoas o suficiente para que possam sair; trate-as bem o suficiente para que queiram ficar".

Aprendi que o processo de educação ou de desenvolvimento dos colaboradores deve se dar de forma bem mais ampla do que somente em relação ao trabalho específico que eles irão fazer. Além disso, não deve ser algo somente inicial. Pelo contrário, deve ser um processo contínuo, durante toda a permanência do colaborador na empresa. Na Disney, isso fica muito claro quando, no primeiro dia, os novos colaboradores, ou membros do elenco, passam por um treinamento chamado *Traditions*, em que terão acesso a toda a história e cultura da Disney. Em seguida, eles recebem uma orientação global, em que aprenderão o que é a empresa e como ela funciona, pois, a partir de então, irão representar a Disney em qualquer lugar, e não somente no setor no qual trabalham. Só então aprendem sobre o seu cargo ou função e, antes mesmo de começarem a trabalhar sozinhos, tem o

> *"Desenvolva as pessoas o suficiente para que possam sair; trate-as bem o suficiente para que queiram ficar".*

chamado treinamento *On the job*, em que serão acompanhados por um líder experiente que dirá quando poderão "caminhar com as próprias pernas".

3. Liderança

O fundamental aqui é sabermos que a presença de uma liderança humanizada, que se preocupa com o desenvolvimento das pessoas e que dá exemplo do que prega, é fundamental para o sucesso de qualquer organização. Vamos falar mais sobre isso no capítulo 7.

No papel de líder, você precisa contratar as pessoas certas e demitir aquelas que não se adequam à sua liderança, aos seus valores e à nova direção que você quer para sua empresa. Não há tempo a perder com quem não quer crescer juntamente com você e a empresa, ou seja, **"não se ensina vaca a voar"**.

Ter coragem para trocar pessoas – as pessoas erradas pelas pessoas certas – é ponto crucial para o sucesso de qualquer líder.

Ter coragem para trocar pessoas – as pessoas erradas pelas pessoas certas – é ponto crucial para o sucesso de qualquer líder. Deixar uma pessoa "mais ou menos" em uma posição-chave é suicídio. E, cá entre nós, da mesma forma que você sabe quando está verdadeiramente apaixonado por alguém (poucas coisas na vida deixam tanta certeza), você também saberá facilmente se aquele colaborador é excelente ou "mais ou menos".

O sonho compartilhado

As empresas que têm mais sucesso são as que trabalham de forma inteligente com suas pessoas. Significa dizer que o planejamento estratégico das organizações deve ter como **foco**, entre outros, o engajamento das pessoas no sentido de se obter os resultados almejados pelo negócio. O pressuposto desse movimento é que não basta apenas ter pessoas motivadas e comprometidas – é preciso ir além. As pessoas precisam participar do planejamento e ter claros quais objetivos deverão ser atingidos. A comunicação é ferramenta estratégica nesse modelo, assim como a necessidade de alinhamento de expectativas em relação às metas e ao futuro do negócio.

Mas como você vai fazer para que as pessoas fiquem inteiramente do seu lado, do lado da empresa, e estejam motivadas, comprometidas e alinhadas com seus líderes e com os propósitos do seu empreendimento? Bem, há vários caminhos para isso. Você pode preparar as pessoas, mas também pode contratá-las, dentro de um processo que busca identificar colaboradores com esse, digamos, espírito.

Aqui vai um outro alerta que é chave nesse ponto e que traduz perfeitamente o que quero dizer: você precisa ter pessoas para as quais a sua empresa seja uma razão de existência. Se os seus colaboradores acreditarem nisso, com base nos exemplos que você dá e nas práticas que incentiva, você não será mais, no seu negócio, apenas o chefe, ou o patrão, mas um empreendedor e um líder, entre tantos outros que estarão buscando sempre o melhor para a sua empresa. Se sua empresa inspirar esse tipo de comportamento, caro leitor, o céu é o limite, como se diz.

> *Você precisa ter pessoas para as quais a sua empresa seja uma razão de existência.*

Agora a pergunta que não quer calar: como fazer isso? Como descobrir ou despertar esse sentimento nos colaboradores? Resposta simples: dando-lhes a oportunidade de crescer, de se desenvolver, de aprender permanentemente, de realizar seus sonhos – que não por acaso vem a ser justamente o seu sonho, e que se constitui na visão de futuro do seu negócio.

É simples, mas, reconheço, também não é fácil. A primeira mudança, como já dissemos no início, começa com você. É preciso dar conta do básico. Envolver o colaborador na cultura da sua empresa, como falamos no capítulo 2. Você define o que quer – com base nos interesses de seus clientes –, compartilha essa visão com seus colaboradores e põe em prática. Simples assim.

Resumindo o que falamos até agora, temos:

1. Defina os valores e a cultura que você quer para o seu setor ou sua empresa.
2. Forme equipes que se adequem a esses valores e a essa cultura.
3. Desenvolva-as continuamente.

Capítulo 4

INTELIGÊNCIA EMOCIONAL: ENTRE O SENTIDO E A RAZÃO

Quem não compreende um olhar, tampouco entenderá uma longa explicação.

PROVÉRBIO ÁRABE

O que faz algumas pessoas serem mais bem-sucedidas que outras, quando nada, em termos de formação e oportunidades, parece distingui-las? A resposta, para mim, é inteligência emocional. É verdade que vários fatores estão presentes nesse tipo de avaliação, e à parte aqueles que podemos comprovar e medir, como formação e histórico profissional, entre outros, muitos deles são de ordem subjetiva e têm a ver com aspectos que se referem à forma como lidamos com pessoas e como nos posicionamos diante dos desafios propostos – tanto na empresa como na vida pessoal. O poeta metafísico John Donne (1572-1631) escreveu: "Um homem não é uma ilha isolada, completo em si mesmo, mas parte de um continente". Não chega a ser mais uma novidade, mas nunca talvez na história das organizações essa foi tanto uma verdade tão **absoluta** como agora. O profissional isolado é contraproducente em relação ao que se espera de uma equipe em termos de resultados. Ele restringe a interação, corta os meios que poderiam associar diferentes fontes de contribuições, inibe o compartilhamento e afasta as pessoas. O sujeito pode ser inteligente, bem formado, perspicaz e até ter passagens invejáveis por grandes organizações. Mas, isolado, ele é incapaz de contagiar seus pares, e não será possível com ele intercambiar conhecimentos, informações, construir saberes. Nos dias de hoje, isso chega quase a ser um crime numa organização.

As emoções a seu lado

Para bem exercer a função de líder, é fundamental o domínio inteligente das emoções. Você, gestor, não precisa necessariamente conhecer de maneira técnica esse processo, mas principalmente estar atento a que apenas ser inteligente – dentro de um currículo estático e frio – é algo que não vai funcionar. Para mim, dentre as inúmeras definições de inteligência emocional, a que melhor, e de maneira mais simples, resume esse conceito é esta:

"A habilidade de usar as emoções a seu favor."

Estudos feitos com milhares de executivos de empresas globais mostram que de 76% a 80% da efetividade (capacidade de produzir um efeito real) de profissionais em alguma posição de liderança vem das competências existentes no conceito de inteligência emocional, de acordo com Goleman.

Como já se comprovou, o uso do conceito de inteligência emocional é fundamental para se alcançar metas e resultados. Em qualquer tempo e lugar. Emoções são formas de energia, reações que podem provocar diferentes tipos de respostas. Por isso, toda e qualquer emoção pode ser útil, desde que usada em um momento adequado. Até a raiva, nesse sentido, pode ter utilidade, se bem empregada, ou seja, se utilizada no momento certo, na intensidade certa, em relação à pessoa certa e pelo motivo certo.

No entanto, recomenda-se que uma pessoa controle sua emoção, e não que seja controlada por ela. Entenda que controlar não significa reprimir nem suprimir. Controlar é saber medir a intensidade de expressão de uma emoção – usá-la de modo favorável a seu intuito ou interesse, o que inclui, também, acessar emoções que não estão presentes naquele momento. Uma explosão de raiva, por exemplo, não precisa ser um momento destruidor na vida de ninguém. Mas pode ser uma alavanca ou impulso para uma mudança importante de rumo – na vida ou na empresa.

O Quociente de Inteligência (Q.I.) é um fator importante para definir e entender um dado problema, mas, para implantar a solução, é necessário certo índice de Quociente de Inteligência Emocional (Q.E.), que vem a ser justamente "a capacidade de acessar o que se tem de bagagem". Ou seja, muito mais importante do que a quantidade de conhecimento e informação que possamos ter é a capacidade de acessá-los. Isso explica aquela frequente indagação, na qual se pergunta por que muitas vezes pessoas simples, aparentemente desprovidas de um conhecimento formal, têm mais sucesso do que outras supostamente mais instruídas e qualificadas para determinada função. Todos conhecemos pessoas assim, que genericamente dizemos ser mais "inteligentes", "sábias" ou muito "boas conselheiras". E certamente temos exemplos próximos, algum de nossos pais, de nossos avós, um tio querido ou até um irmão mais novo, mas com uma mente mais "aguçada", que nos indica um jeito diferente de agir em certa situação, de ponderar e avaliar um problema. Enfim, acho que você sabe do que estou falando.

Pois são essas pessoas que fazem a diferença não só em nossa vida, mas, hoje em dia, também nas organizações. Sim, são pessoas inteligentes, mas são antes pessoas emocionalmente amadurecidas, capazes de fazer escolhas sensatas, sem açodamento, sem ansiedade, como se não fossem contaminadas pela loucura da vida moderna. E são, ainda, capazes de nos aconselhar!

Por outro lado, quem de nós nunca conheceu alguém muito bem preparado, com um potencial brilhante, mas que deixou de ter sucesso por seus "momentos de explosão", por achar que deveria falar tudo o que pensa, na hora que quer, para quem quer que seja? Costumo chamar essas pessoas de **"sincericidas"**, ou seja, pessoas que se matam pelo excesso de sinceridade, que acreditam que deveriam sempre dizer tudo o que pensam no momento que quiserem.

É claro que você deve falar sempre a verdade. Não é isso que estou questionando. O que chamo a atenção é a forma, o jeito de fazer isso, no momento mais apropriado, no lugar certo.

Mas é possível aprender isso? É possível ensinar alguém a ser assim? Sim, claro. Inteligência emocional é um conjunto de competências que podem ser trabalhadas e desenvolvidas – as quais se vinculam, naturalmente, com a forma como lidamos com nossas emoções. No entanto, por mais claro que esse conceito seja, muitos ainda não o entendem e continuam atuando como se vivessem isolados, como se fossem uma ilha distante em algum arquipélago polar.

> *Inteligência emocional é um conjunto de competências que podem ser trabalhadas e desenvolvidas.*

De acordo com um trabalho de McCall e Lombardo, do Center for Creative Leadership (CCL),[2] algumas características e/ou atitudes de executivos com grandes potenciais e cuja carreira não decolou são:

- A intimidação, rispidez, frieza e arrogância no trato com as pessoas.
- A perda da confiança por parte da sua equipe e seus pares.
- Ambição excessiva.

---

[2] Para maiores informações, acesse: www.ccl.org (N. E.).

- Problemas de performance e falta de pensamento estratégico.
- Incapacidade de delegar ou de trabalhar em equipe.
- Excesso de arrogância, que leva à dificuldades em se adaptar ao líder ou superior.

Ou seja, os fracassos ocorrem muito mais frequentemente por motivos pessoais, comportamentais e por falhas de relacionamento do que por falta de conhecimento ou preparo técnico. O que chama a atenção é que pessoas com essas dificuldades são, na maior parte das vezes, amplamente capacitadas e realmente poderiam ir muito mais longe se trabalhassem melhor suas emoções – ou a forma como as expressam.

Nesse ponto, portanto, fica absolutamente clara a importância do uso da chamada inteligência emocional. Isso porque o que faz diferença no estado emocional de uma pessoa não é o problema em si – há quem culpe os problemas pelo fracasso –, mas a forma como esse problema é encarado, isto é, a forma de pensar perante uma dificuldade. Como disse Jean-Paul Sartre, "O importante não é aquilo que fazem de nós, mas o que nós mesmos fazemos do que os outros fizeram de nós".

Dependendo da sua forma de pensar, um mesmo evento pode ser bom ou ruim. Na verdade, o que define se um evento é bom ou ruim é a nossa *expectativa* sobre ele – e aqui cabe falar um pouco disso, para compreendermos melhor como lidamos, ou como podemos lidar, com nossas emoções. A expectativa que temos sobre um problema ou uma pessoa, no sentido de ser a possibilidade de ocorrência de algo, é o que gera as nossas emoções em relação a um dado evento. O detalhe é que expectativas são impressões e desejos subjetivos – além de irreais, pois se baseiam em suposições imaginárias. Toda e qualquer expectativa diz respeito a um evento futuro. Assim, é algo que você *espera* que *vá acontecer* – mas que de fato *não aconteceu* ainda, e pode nem sequer acontecer.

Isso não significa dizer que não devemos ter expectativas. Ao contrário, expectativas são não só importantes como necessárias, à medida que nos possibilitam trabalhar para que aconteçam tal qual o esperado.

Mas é preciso reconhecer que expectativas *sempre* são irreais – enquanto expectativas. Isso porque não controlamos a possibilidade de sua realização. Em geral, toda expectativa sobre outras pessoas é irreal, pois você não tem controle sobre ela – quer dizer, você não pode forçar uma pessoa a fazer o que você quer se ela não quiser. (Sim, a rigor, você até pode, mas isso está fora dos padrões éticos admitidos.)

Quando isso fica claro, e se reconhece que se trata de uma expectativa irreal – porque não há controle absoluto sobre ela –, você não sofre, não se desespera, o que permite ao líder, por exemplo, lidar com com a pessoa e o problema que eventualmente ela representa com mais inteligência (emocional).

Quanto maior for a expectativa (irreal e irrefletida), maior será a frustração – e o sofrimento – perante uma situação que aconteça de forma totalmente inesperada.

Uma expectativa é, claro, algo que se espera. Quando ela aumenta de intensidade, isso é, quanto maior for a nossa obstinação para que aconteça, ela passa a ser um *desejo*, ou algo que muito se quer. Em uma intensidade maior ainda, esse desejo passa a ser uma *exigência*, quase uma obsessão. E a intensidade da sua reação emocional passa a ser proporcional à dessa exigência.

E então começam a aparecer as distorções. Aqui entra a diferença entre o "raivoso" e o "deprimido". Quando as expectativas irreais não acontecem, o raivoso culpa os outros, e o deprimido, a si mesmo. Em ambos os casos, há sofrimento, decepção e muita frustração. Esse estado emocional contagia e se alastra não só nas pessoas com quem você trabalha, mas também no jeito de fazer e pensar o seu negócio.

Para Rhandy Di Stéfano, do Integrated Coaching Institute (ICI), com quem tive o prazer de fazer uma formação em Coaching Integrado, além do curso de Liderança: Líder Coach – Liderança de Alta Performance, o pessimista é, em geral, um otimista cheio de expectativas irreais.

Já Daniel Goleman, em seu livro *Inteligência emocional* (1997), menciona que 80% do nosso sucesso na vida se deve à nossa inteligência emocional, e só 20% se deve ao Q.I., ou seja, ao que aprendemos nas escolas, nas universidades e nas pós-graduações.

Quando Daniel Goleman comparou executivos de excelente performance com outros profissionais medianos, identificou que aproximadamente 90% da diferença entre eles se devia a fatores de inteligência emocional. Por isso, não raramente, vemos alunos brilhantes que não têm sucesso na vida profissional.

Isso não significa dizer que o conhecimento ou o estudo formal diminui de importância. Pelo contrário, o problema não é ter conhecimento ou ter muito conhecimento. A questão é saber usá-lo; saber, sobretudo, usá-lo conforme os princípios da inteligência emocional. Saber usá-lo na medida da necessidade. Quanto mais se sabe, mais se pode utilizar esse conhecimento e informação perante os problemas. Como disse acima, inteligência emocional é a capacidade que temos de *usar* – a palavra é chave aqui – o que sabemos.

Então, se eu puder deixar aqui um conselho para você, diria algo que uso todos os dias na minha vida: "Aconteça o que acontecer, continue estudando".

Daniel Goleman destaca cinco áreas ou aspectos principais sobre inteligência emocional, que devem ser considerados na gestão de pessoas:

1. Conhecer as próprias emoções (eu me conheço)

A consciência de si mesmo é a chave da inteligência emocional. É a capacidade de entender o que se está sentindo e o impacto que se está causando nos outros.

2. Guiar e controlar as emoções (eu me controlo)

É a capacidade de controlar as próprias emoções. Mais do que apenas conhecê-las, é preciso saber controlá-las e/ou direcioná-las corretamente. Isso é fundamental para conseguir se recuperar em situações de derrota e tristeza e se controlar em momentos de empolgação. Há uma frase que uso muito, tanto para situações ruins, como boas: "Isso vai passar". Esse tipo de afirmação me ajuda a não sofrer demais com situações adversas, nem a me deslumbrar com situações positivas.

3. Reconhecer as emoções dos outros (eu conheço os outros)

Isso está muito relacionado com a empatia, com a capacidade de entender o mundo do outro, de entender o que é do outro e respeitar isso. Não significa que você deva aceitar tudo, mas o simples fato de reconhecer a existência de uma opinião diferente já põe um eventual conflito num patamar de reflexão mais abrangente. Afinal, como diz o filósofo, "se você discorda de mim, você me enriquece" – pois passo a ter uma nova opção.

4. Saber se relacionar interpessoalmente (eu gerencio o outro)

É a capacidade de liderar, de conduzir conflitos e negociações. É a habilidade de guiar as emoções dos outros, encontrando os espaços adequados (numa conversa, inclusive) para que todas essas expressões se manifestem.

5. Motivação

É a capacidade de persistir, apesar dos obstáculos. Uma espécie de paixão de trabalhar por razões que vão além de dinheiro ou status. Ou seja, estamos falando de realização de sonhos e da construção de novas realidades. Essa motivação se direciona tanto para si próprio como para os outros, os seus liderados.

Acredito fortemente que pelo menos a metade da motivação de um colaborador ele traz consigo, dentro dele, com sua história e seu jeito de fazer o que faz. Os outros 50% dependem do líder, de sua maneira de perceber o colaborador e de proporcionar a ele as condições adequadas para atuar. Se o gestor não atrapalhar, ou seja, se não inibir as iniciativas desses profissionais com vetos e restrições, já estará conseguindo mobilizar uma boa parte da motivação dos seus colaboradores.

Vale lembrar que essa mobilização tem muito a ver com o sentido da palavra motivação. Sua origem vem do latim *movere* e significa *mover* – numa direção determinada. Eu acredito que motivar é exatamente *dar motivos a si próprio* ou *a alguém* para *continuar*, para melhorar, crescer, perseverar, para vencer, para, por exemplo, ter estímulos além do salário ou do status que o trabalho proporciona.

Como líder ou gestor, acredito que se pode fazer isso perante a equipe de três formas principais:

1. Tratamento humanizado e respeitoso.
2. Reconhecimento sempre que merecido, de preferência com meritocracia (da qual falaremos mais adiante), que é reconhecer quem está bem e agir sobre quem não está.
3. Liderança pelo exemplo, fazendo o que se fala.

Mas como fazer isso, como despertar essa chama em seus colaboradores?

Vou mostrar a seguir algumas iniciativas bem simples, mas poderosas, que podem ajudar você a "energizar" seus colaboradores. Me acompanhe.

Iniciativas para melhorar a motivação dos seus colaboradores

- **Promova o sorriso: Um ambiente sério não precisa ser um ambiente triste.** Promova momentos de descontração, destaque um instante divertido, retribua o sorriso com outro sorriso. Não tenha dúvidas, o clima alegre é contagiante e alimenta de maneira agradável a vontade de fazer mais e melhor.
- **Promova momentos de diversão no trabalho:** Uma pausa para um comentário engraçado, que possivelmente ilustre uma situação de atendimento ou de relacionamento entre colegas, sempre ajuda a quebrar o gelo e a trazer prazer e motivação ao ambiente.
- **Como você faria isso?:** Pergunte, peça sugestões aos funcionários na área em que atuam e coloque as boas ideias em prática, reconhecendo que partiram deles. Isso lhes dá a sensação de reconhecimento e de importância, além de identidade e sintonia com o que se espera deles. O que você faria se estivesse no comando nesse momento? Prepare-se, você vai se surpreender

com o que vai ouvir. A ideia que deve prevalecer não é a do líder, mas a melhor ideia.

- **Vamos conversar mais:** Há uma frase do dramaturgo alemão Bertold Brecht que diz o seguinte: "Se os bois conversassem, eles não iriam tão mansamente assim para o matadouro". Conversar é um dos meios mais poderosos de conhecimento. Você troca experiências, ouve avaliações, diferentes opiniões e ainda abre espaço para colaboração. Permita que os seus colaboradores participem mais frequentemente das escolhas que sua área ou empresa faz (veja o que falo sobre isso no capítulo 6, sobre *Worker Experience*). Mostre opções, envolva-os nas discussões e ouça suas justificativas.

- **Dê oportunidade de liderança, de atuarem como líderes:** Não há melhor maneira de incentivar a confiança num colaborador do que dar a ele a chance de liderar um projeto ou uma tarefa importante. Acredite nele, ajude-o a realizar com sucesso essa tarefa ou projeto. Pense em como ele poderá crescer e como esse crescimento profissional irá afetar positivamente o seu negócio.

- **Estimule o trabalho em equipe:** É papel do líder valorizar o trabalho em equipe. Discuta ideias em equipe, ajude o grupo a escolher o próprio líder em determinadas empreitadas, estimule o compartilhamento de experiências, abra espaço em todos os sentidos.

- **Permita que os colaboradores usem todo o seu potencial:** Procure estimular o uso de suas melhores habilidades naquilo que faça sentido para eles – dentro do projeto ou do que a empresa espera. É muito comum criticarmos a pessoa, isoladamente, desprendendo-a do contexto e das condições do ambiente. Isso nem sempre dá certo. Como mencionei anteriormente, muitas vezes pensamos estar lidando com a pessoa errada, quando, na verdade, temos a pessoa certa atuando no lugar errado. O líder precisa perceber isso e corrigir esse posicionamento o mais rápido possível, sob o risco de perder um excelente colaborador que foi subestimado. Há uma ótima frase, atribuída a Albert Einstein, em que ele diz: "Todo mundo é gênio, mas se você julgar um peixe pela sua habilidade de subir em árvores, ele viverá o resto da vida acreditando ser um idiota". Pense nisso.

- **Discuta os erros e os acertos como forma de aprendizado:** Não transforme seus ajustes de rota e correções em tribunais da inquisição. As pessoas não podem ter medo de aprender com você; ao contrário: devem desejar isso, devem perceber que quando você as instrui, estão tendo uma ótima oportunidade de conhecimento e aprendizado. Cabe a você, portanto, enquanto líder, mostrar a elas que são bem-vindas e que você está disposto a ajudá-las. **Acostume-se a discutir erros e acertos. Poucas empresas têm reuniões de boas práticas. Normalmente, os maus colaboradores não sabem o que os bons fazem.**
- **Desafie-os a expandirem seus limites:** Esse é um ponto-chave. É aqui que o líder aplica todo o seu talento, dirigindo-o para que as pessoas superem as próprias metas, expectativas e ambições. É um grande desafio para todos – inclusive para o gestor.

Trabalhar e desenvolver cada uma dessas áreas é essencial para uma atuação baseada em inteligência emocional. Nesse sentido, a aplicação desses conceitos na trajetória de um líder é crucial para se obter bons resultados – na medida em que a arrogância de alguns chefes comprovadamente desmotiva a equipe e atrapalha a produtividade.

No artigo "Primal Leadership: The Hidden Driver of Great Performance" [Liderança primordial: a direção oculta do grande desempenho] de Daniel Goleman, Richard Boyatzis e Annie McKee, da *Harvard Business Review*, de dezembro de 2001, o humor e o comportamento do líder impactam e contribuem diretamente no desempenho e no comportamento de todos na equipe, com consequência final nos resultados, tanto lucros como prejuízos.

Tenho para mim que a inteligência emocional de um líder influencia bastante a cultura e o ambiente de trabalho. As pessoas tendem a buscar o equilíbrio emocional perante um líder equilibrado emocionalmente, da mesma forma em que tendem a ter atitudes desequilibradas perante um líder com a mesma atitude. Esse é um quadro conhecido, e não só nas empresas. Crianças cujos pais são desarticulados ou agem demasiadamente de maneira irrefletida acabam reproduzindo esse comportamento na vida. O mesmo ocorre com um cão raivoso, cujo dono não controla a própria raiva e seus excessos emocionais.

> *As pessoas tendem a buscar o equilíbrio emocional perante um líder equilibrado emocionalmente, da mesma forma em que tendem a ter atitudes desequilibradas perante um líder com a mesma atitude.*

Nessa mesma linha, a inteligência emocional individual deve ser transferida para os grupos de trabalho. Tenho visto com frequência que grupos com essa característica apresentam maiores índices de confiança, eficácia e colaboração, com melhores decisões e, consequentemente, melhores resultados.

No entanto, precisamos dizer que, como tudo na vida, a inteligência emocional pode ter aspectos negativos.

No artigo "O lado ruim da inteligência emocional", de Tomas Chamorro-Premuzic e Adam Yearsley, da *Harvard Business Review*, de fevereiro de 2017, são apresentados os seguintes pontos negativos de uma alta inteligência emocional:

1. Níveis menores de criatividade e de potencial para inovação.
2. Dificuldades em dar e receber feedback negativo.
3. Relutância em contrariar as pessoas.
4. Uma habilidade bem-desenvolvida de manipulação: o alto Q.E. pode ajudar o gestor a ter empatia e a passar sempre uma mensagem que parece certa para o público – o que é, frequentemente, algo bom. No entanto, se levado longe demais, isso pode deslizar do campo da influência para o da manipulação.
5. Aversão ao risco: pessoas com alto Q.E. têm muito mais probabilidade de buscar segurança e evitar decisões arrojadas.

Feitas essas ressalvas, acrescento, por fim, o seguinte: existe algo que deve acompanhar todas as pessoas no dia a dia e que considero uma *pergunta-chave* da inteligência emocional: "Qual o meu objetivo?".

Perante um problema, essa pergunta deve sempre ser feita, e a solução buscada deve estar diretamente relacionada com a resposta. Isso pelo seguinte: as pessoas tendem a sair do seu objetivo, abandonando o seu eixo perante emoções mais fortes.

Gosto de mencionar o exemplo em que um sujeito se dirige para uma entrevista de trabalho marcada num determinado horário, na qual ele espera ser contratado. Só que no meio do caminho aparece um imprevisto: o carro dele quebra. Bem, o que fazer? Você tem várias formas de resolver o problema, como, por exemplo, tentar consertar o carro, sujando-se e suando. Ou esperar o socorro chegar, ou pegar um táxi e voltar para casa, enquanto um mecânico vai consertar o carro etc. O que se

> *Então, perante um problema seu ou da sua equipe, faça sempre a pergunta: "Qual o meu/seu objetivo?", e busque uma solução que o atenda.*

deve perguntar aqui é: qual é o meu objetivo principal perante o problema? Consertar o carro ou chegar pontualmente à entrevista? A solução a ser seguida deve atender o seu objetivo maior, que, nesse caso, é estar no horário, bem composto e com a mente tranquila para fazer a entrevista de trabalho que você tanto almeja.

Então, perante um problema seu ou da sua equipe, faça sempre a pergunta: "Qual o meu/seu objetivo?" e busque uma solução que o atenda.

Capítulo 5

RESILIÊNCIA:
A ARTE DE LEVANTAR-SE NO MENOR TEMPO POSSÍVEL DEPOIS DA QUEDA

*Dificuldades preparam pessoas comuns
para destinos extraordinários.*

C.S. LEWIS

De todas as definições de **sucesso** que vi até hoje, a que mais gostei e com a qual mais me identifico é a que diz que "sucesso é a capacidade cada vez maior de resolver problemas". E isso faz todo o sentido, se pensarmos, sobretudo, que a entrega de resultados perante situações adversas e de muito estresse é o que se tem como maior diferencial entre os profissionais. Afinal, "navegar sob um céu de brigadeiro qualquer um navega".

Vale dizer que um líder, em toda a extensão de sua trajetória, será de fato reconhecido, de forma positiva ou negativa, pelo modo como reage a pressões e pela capacidade de conduzir sua equipe em situações difíceis e fora da curva.

"sucesso é a capacidade cada vez maior de resolver problemas".

Aqui, entra a diferenciação que falamos há pouco, que considero fundamental, entre Q.I. e Q.E. De forma simples, podemos definir o Q.I. como "conjunto de conhecimentos adquirido durante a vida". Já o Q.E. – e aqui reforçamos o enunciado atrás – pode ser explicado como "quanto do seu conhecimento você consegue acessar para resolver problemas ou situações difíceis".

De maneira figurativa, imagine que uma pessoa A tem "100 quilos de conhecimento", mas, perante um problema, só consegue acessar 5 quilos desse arsenal para tentar resolvê-lo. Já uma outra pessoa, que chamamos aqui de B, tem apenas "50 quilos de conhecimento", mas acessa 20 quilos do que sabe para resolver o mesmo problema.

Quem você quer na sua equipe?

Com certeza, a pessoa B.

Portanto, muito mais importante do que a formação de um indivíduo, ou as instituições onde ele estudou, os cursos que fez, os locais onde trabalhou e mesmo sua origem, é quanto ele consegue entregar, principalmente perante adversidades, situações difíceis, de estresse ou fora da curva. Quem ganha o jogo não é quem sabe mais, mas quem entrega mais.

Um fator que se associa a esse processo, e que é fundamental compreendê-lo, é o estresse, um estado de excitação emocional com várias consequências. De maneira geral, decorre desse estado situações curiosas, como a que faz algumas pessoas repetirem, quase insanamente, uma rotina sem sentido e propósito. Se dá quando essas pessoas fazem mais do mesmo, ainda que isso não traga um resultado consistente. Esse "fazer" inútil, porém, traz conforto, porque passa a impressão de que se está fazendo alguma coisa. No estresse, o cérebro fica alterado, em estado de alerta permanente, e estimula a pessoa a "enxergar" fixamente apenas uma coisa, apenas uma saída, não vendo e nem percebendo outras alternativas e opções.

Um exemplo que ilustra bem essa situação pode ser encontrado no caso de uma pessoa que tem por hábito deixar algum utensílio em um mesmo local, mas que por alguma razão, num determinado dia, não o encontra no lugar de sempre. Digamos que seja um cartão ou uma anotação qualquer que ela tenha deixado num compartimento de sua estante. Então começa a procurar pela casa toda, porém, voltando de tempos em tempos a procurar naquele mesmo local, na estante, *que ela já havia olhado*. Mesmo sabendo que não irá encontrar mais ali o que procura, e tendo "consciência" de já ter olhado naquele lugar, ela volta e olha novamente, ainda que de relance, ainda que seja para ter "certeza" de que o bilhete ou cartão não está mesmo ali. Isso acontece porque olhar novamente aquele local traz à pessoa a sensação de que ela está fazendo algo – ainda que inútil e sem propósito. É curioso que, apenas pelo fato de estar olhando novamente o local, a pessoa já tem a sensação de que faz algo. É um caso típico que os psicólogos chamam de autoengano.

Esse é um processo inconsciente e que acontece da mesmíssima forma no mundo dos negócios. Muitas empresas, de todos os tamanhos, começam a ter maus resultados, e, apesar disso, os gestores continuam a fazer as mesmas coisas que vinham fazendo – com a esperança inútil, e um tanto insana, de obter resultados diferentes –; ou seja, empresas chegam até a quebrar e os gestores continuam com suas mesmas ações e manias, o mesmo ponto fixo, agarrados perdidamente a elas, querendo provar que estão certos. Há uma frase que define bem esse tipo de absurdo: "Fazer repetidamente a mesma coisa e esperar a cada vez resultados diferentes".

Em quanto tempo você fica em pé?

Pois bem, levando em conta aquela definição que mencionei no início, que sucesso é a capacidade cada vez maior de resolver problemas, e considerando que problemas aparecem todos os dias e o dia todo, entra aqui a importância de uma competência ou habilidade fundamental para o sucesso pessoal, profissional e de equipes: a chamada **resiliência**.

Em engenharia, resiliência é a capacidade de um material voltar à forma inicial após uma tensão. O termo também é visto como "a capacidade de se recuperar de situações adversas, adaptar-se bem às mudanças e seguir em frente mesmo quando somos confrontados com alguma dificuldade" – falamos disso no início do livro, quando mostramos a importância de nos perpetuarmos através da adaptação.

Mas não se engane: a resiliência não é um instrumento necessário apenas perante grandes problemas. Há situações aparentemente sem importância, cotidianas, que aos poucos tendem a minar nossa capacidade de superar e seguir em frente. É algo que podemos ver no relato da editora sênior Andrea Ovans, da *Harvard Business Review*, em edição de janeiro de 2017, que menciona uma intrigante pesquisa feita por uma dupla de consultoras britânicas, Sarah Bond e Gillian Shapiro, a qual confirma a importância da resiliência para o sucesso dos negócios em diferentes circunstâncias. Elas perguntaram a 835 funcionários de empresas públicas, privadas e sem fins lucrativos da Grã-Bretanha o que acontecia na vida deles que os obrigava a se valer dessas reservas de resiliência. Para surpresa das pesquisadoras, esses funcionários não mencionaram tragédias como os recentes ataques terroristas ao metrô de Londres, ou os erros terríveis nos negócios e nas grandes empresas, nem a necessidade de acompanhar a velocidade inexorável das mudanças no mundo ou os desafios econômicos ainda vigentes no país.

A questão que mais perturbava os entrevistados, conforme a pesquisa, estava *nos colegas de trabalho deles*. De acordo com a pesquisa, 75% disseram que a situação que mais consumia suas reservas de resiliência era "ter de gerenciar pessoas difíceis ou as políticas no ambiente profissional". Outro ponto revelado era o estresse causado pelo excesso de trabalho e pela necessidade de suportar críticas pessoais – algo comum e, convenhamos, complicado de se lidar. Como ninguém pode evitar por completo esse tipo de problema, e potenciais armadilhas estão em todo lugar, a resiliência torna-se algo fundamental para superá-los.

Mas o que seria exatamente resiliência na perspectiva que propomos aqui? Há quem confunda resiliência com resistência. São ideias próximas, mas diferentes. Veja, não estou falando apenas de *resistência* – que é, sem dúvida, uma característica importante, mas que não alcança ou não abrange a ideia de avançar ou superar um problema. Uma pessoa pode *aguentar*, digamos, ser pressionada por seu chefe durante um longo tempo – mas se ela apenas resistir, estará, no fundo, perpetuando um aspecto passivo do seu comportamento. Para deixar claro os contornos do problema que abordo aqui, ressalto que estou falando de questões comportamentais ligadas à trajetória profissional e pessoal de gestores e empreendedores, reconhecendo obviamente os movimentos de resistência na vida civil.

Na resiliência, precisamos de algo mais, quase vital: é preciso avançar, ir além da própria resistência.

Há uma definição que gosto bastante e que sintetiza muito bem o que quero dizer: "Resiliência é o tempo que a pessoa leva para ficar de pé após cair" (Rhandy di Stéfano).

Dois aspectos importantes nessa frase: 1) o tempo que a pessoa vai levar e; 2) a certeza de que ela irá voltar a ficar em pé. São dois pressupostos ativos, que vão além do fato de resistir. Uma pessoa pode resistir (às vezes até heroicamente) num emprego ruim por muitos anos e aguardar passivamente uma nova oportunidade aparecer. Quando a pessoa aciona a chave da resiliência, isso é diferente.

> "Resiliência é o tempo que a pessoa leva para ficar de pé após cair" (Rhandy di Stéfano).

Ela irá resistir, sem dúvida, mas irá mobilizar uma certa energia dentro de si para superar a eventual adversidade e atingir um novo patamar de ação. Não há passividade, mas ação, reação e direção.

A resiliência é uma competência fundamental a ser desenvolvida no gestor moderno – sim, ela pode e deve ser desenvolvida. E isso deve ser feito também com o intuito de se conduzir a própria equipe para esse mesmo nível de ação. Isso porque sem resiliência, ou com baixa resiliência, a pessoa desiste muito facilmente dos seus objetivos perante um problema ou adversidade.

A força que nos anima vem das contrariedades da vida

Sabe-se que o fracasso faz parte da história dos grandes empreendedores. Mas isso é uma maneira de vê-los. O que nos importa na história desses empreendedores não é o fracasso pelo qual passaram em si, mas conhecer como eles se recuperaram do fracasso, a caminho do sucesso. Entender isso é importante, principalmente porque elimina aquela ideia romântica de que o sucesso é uma sucessão de fases em que tudo funciona da maneira mais perfeita e que os melhores empresários ou gestores são abençoados e recebem uma dose maior de sorte nos negócios, e coisas assim. Pois digo a você que isso não é verdade. Prefiro acreditar na definição do meu grande amigo Tadeu Sobreira, que diz: "Sorte, amiga inseparável da competência".

> *"Sorte, amiga inseparável da competência" (Tadeu Sobreira).*

Problemas fazem parte da trajetória de todos – principalmente dos mais bem-sucedidos empreendedores. Simplesmente porque nem sempre podemos controlar inteiramente um problema, muito menos evitá-los. No entanto, podemos mudar e controlar nossa reação diante deles, sendo fundamental o autocontrole, emoções equilibradas, capacidade de reconhecer responsabilidades e avaliar corretamente o nosso próprio papel em uma derrota.

Segundo Paul Stoltz, 75% dos grandes líderes mundiais vêm de famílias desestruturadas. Veja só! Não é que seja bom nascer em famílias desestruturadas, e imagino que a maioria dessas pessoas, se pudesse evitar, talvez o fizesse. No entanto, aqueles que se acostumaram a encarar e a resolver problemas desde muito cedo têm, com isso, grandes chances de ter sucesso – se sua trajetória apontar para esse caminho.

E aqui, outra conexão com inteligência emocional: quanto maior a resiliência, maior a capacidade de acessar o Q.I., ou seja, maior será o Q.E.

Paul Stoltz, ao classificar as pessoas quanto ao nível de maturidade profissional, faz uma analogia com a atividade de alpinismo, dividindo esses especialistas em escalar montanhas em três níveis:

1. Desistentes

São aqueles que, ao olharem para o tamanho da montanha, desistem da subida logo no início, ou seja, desistem facilmente do crescimento dentro das organizações, por não aguentarem o peso do desafio da escalada profissional. Tornam-se pessoas vitimadas, que acreditam que tudo está contra elas, sempre culpando os outros, além de terem o pessimismo como sua marca maior. Querem que as coisas deem errado para provar que estão certos quanto ao seu comportamento. Segundo Stoltz, esses representam em torno de 10% das pessoas de uma equipe.

2. Campistas

São indivíduos presos à zona de conforto, querem segurança e previsibilidade. Chegaram a pensar, um dia, em atingir o topo, mas se conformaram em "armar a barraca no meio da montanha". Fazem apenas o mínimo necessário. Tendem a regredir ou a se atrofiar, por não usarem toda a sua capacidade (como acontece com um músculo que não é exercitado). São facilmente influenciados pelos *desistentes* – na primeira categoria –, principalmente em momentos difíceis. Representam em torno de 80% das pessoas de uma equipe. O gestor tem que protegê-los dos *desistentes* e estimulá-los a virarem *alpinistas* de verdade.

3. Alpinistas

São pessoas motivadas pelo desafio, são incansáveis na sua escalada profissional. Querem chegar, e chegarão, ao topo. Focam o que podem controlar, aprendem com os erros, adaptam-se e aprendem com os desafios. Representam cerca de 10% dos membros de uma equipe.

O papel do gestor, em primeiro lugar, é tornar-se ele mesmo um alpinista de verdade – do contrário, qual seria o sentido de sua gestão? Em segundo lugar, ele precisa agir fortemente no desenvolvimento dos membros da sua equipe, buscando conseguir o maior número possível de alpinistas, como forma, inclusive, de desestimular o comportamento de campistas e desistentes.

> *Como qualquer outra competência, a resiliência pode ser desenvolvida, aprendida e, obviamente, ensinada. Lembre-se: o que faz a diferença entre a resiliência de duas pessoas é a maneira de pensar, de encarar os problemas e a determinação em solucioná-los da melhor forma, no menor espaço de tempo possível.*

Como qualquer outra competência, a resiliência pode ser desenvolvida, aprendida e, obviamente, ensinada. Lembre-se: o que faz a diferença entre a resiliência de duas pessoas é a maneira de pensar, de encarar os problemas e a determinação em solucioná-los da melhor forma, no menor espaço de tempo possível.

Principais elementos práticos da resiliência

Aprendi no curso Líder Coach – Liderança de Alta Performance, do Integrated Coaching Institute – ICI, e passei a usar no meu cotidiano, comigo mesmo e com meus liderados:

1. Duração: tempo que a pessoa acredita que vai durar o problema

Para o pessimista, o problema vai durar muito tempo – ou nunca vai deixar de existir ("sempre foi assim", costumam dizer). Para o otimista, vai durar apenas o tempo necessário para ser resolvido.

Perante um colaborador com essa atitude pessimista, o gestor deve fazer a seguinte pergunta nessa situação:

> *"O que você vai fazer para limitar*
> *a duração do problema?".*

2. Proporção: o tamanho do problema

Para o pessimista, todo problema será um problema enorme, que vai acabar com toda a sua vida. Para o otimista, porém, trata-se apenas de um problema de tamanho limitado, que não representa o todo – e que obviamente poderá ser combatido.

Diante de um colaborador com essa atitude pessimista, o gestor deve fazer a seguinte pergunta nessa situação:

> *"O que você vai fazer para limitar*
> *o tamanho do problema?".*

3. Personalização: de quem é a culpa do problema

O pessimista acha que a culpa é toda dele ou toda dos outros. O otimista não se preocupa muito em saber de quem é a culpa, ele entende que, perante um problema, há uma parcela de sua responsabilidade *em resolver* (não em saber de quem é a culpa); uma parcela de responsabilidade dos outros e, algumas vezes, outra dependente de determinados fatores externos, sobre os quais não se tem controle, como clima, crise econômica etc. Sabendo disso, ele foca sua parcela de resolução e parte para resolver a questão. Só depois, ele passa a tentar resolver o que falta.

Perante o colaborador com atitude pessimista, o gestor deve fazer a seguinte pergunta nessa situação:

> *"Por qual parte do problema você vai se responsabilizar por resolver?".*

Identificar esses três elementos e usar como rotina essas perguntas são formas muito simples e eficazes de desenvolver comportamento resiliente em si próprio, nos membros da sua equipe ou em qualquer pessoa do seu convívio profissional ou pessoal.

Capítulo 6

WORKER EXPERIENCE:
SATISFAÇÃO E RESULTADOS

Não devemos permitir que alguém saia da nossa presença sem se sentir melhor e mais feliz.

MADRE TERESA DE CALCUTÁ

Para dar sequência à minha proposta de ajudá-lo a superar as dificuldades de sua empresa e alcançar grandes resultados, quero começar este capítulo falando da necessidade de se criar diferenciais competitivos para que os seus colaboradores tenham uma experiência prazerosa (e satisfatória) no trabalho. A ideia é que possam agregar soluções inovadoras, com resultados práticos e expressivos aos produtos e serviços da sua organização, o que só pode acontecer, de maneira efetiva, quando os funcionários se sentem motivados e acreditam no que estão fazendo.

Estou chamando esse modelo de *Worker Experience* (WX), ou "Experiência do Colaborador" – um conceito inspirado no famoso *User Experience* (UX), "Experiência do Usuário" –, que estabelece uma relação de satisfação entre cliente e produto. Esse é um aspecto que reputo como fundamental para o desenvolvimento de negócios – o que inclui, obviamente, empresas, áreas e departamentos, projetos e outros empreendimentos. Para entender isso, vamos falar um pouco do *User Experience* – um conceito fundamental para a customização de produtos e serviços e fidelização de clientes.

Como você sabe, já deixamos para trás, há algum tempo, o conceito de que uma empresa existe apenas para oferecer produtos que atendam as necessidades específicas dos consumidores. A relação entre empresa, consumidor, demanda, oferta e mercado é bem mais complexa nos dias de hoje. E a própria definição de produto e serviço também se modificou ao agregar conceitos subjetivos como gosto (estético), experiência, praticidade, necessidade, encantamento, entre outros, os quais variam bastante conforme as oscilações do mercado, do marketing, da moda e até do desejo das pessoas.

Além disso, por conta da forte e intensa concorrência e da grande quantidade de alternativas disponíveis, as pessoas hoje não procuram apenas uma simples solução para os seus problemas (demanda e oferta). Como tenho visto em todos os setores, elas buscam opções que proponham uma satisfação mais ampla, para além de suas necessidades – o que chega bem próximo a uma espécie de *experiência prazerosa* com o produto ou serviço. Elas buscam diferenciais competitivos, que agreguem valor e que justifiquem suas escolhas e seus investimentos.

Isso quer dizer que, quando você vai ao mercado para comprar, digamos, um litro de leite, você avalia também a embalagem, o formato do produto, a facilidade de abri-la, informações e detalhes nos rótulos, além da qualidade do leite e suas especificidades (tipo desnatado, semidesnatado ou integral) – entre outras possibilidades, como sabores, aromas e até brindes de ocasião. Isso no caso de um produto básico como leite. Se você pensar em um celular ou em um veículo, as alternativas são inúmeras – algumas realmente impressionantes.

Mas isso não são meros caprichos dos fornecedores. Nos dias de hoje, há uma verdadeira indústria de estudos e pesquisas que buscam avaliar o comportamento do consumidor em relação aos produtos que consome.

Para se ter ideia do alcance desse movimento, isso chega a envolver até a análise dos *sentimentos* de uma pessoa em relação ao uso de determinado produto, sistema ou serviço. Inclui, além dos aspectos afetivos, categorias experienciais, sempre significativas e valiosas para a interação entre consumidor e produto (às vezes com a própria marca do produto ou serviço). Na maior parte das vezes, essas informações são extraídas das percepções de uma pessoa em relação aos aspectos práticos, tais como a utilidade, a facilidade de uso ou a eficácia do sistema – o UX é muito usado em ambientes virtuais. No entanto, a experiência do usuário nesses casos é de natureza subjetiva e muito dinâmica, pois é constantemente modificada ao longo do tempo devido à evolução das circunstâncias e inovações. O confronto dessas interações pressupõe, além das emoções, a avaliação das crenças, preferências, percepções, respostas físicas e psicológicas, comportamentos e realizações do usuário que ocorrem antes, durante e após o uso do produto ou serviço.

Grandes empresas investem milhões todos os anos a fim de personalizar a experiência que cada usuário terá com o seu produto. O intuito é fazer com que cada um sinta que o produto foi desenvolvido especialmente para si. Como não poderiam ficar de fora, os profissionais de marketing e comunicação aplicam diariamente técnicas para facilitar a compreensão e o uso desses produtos, incluindo websites e plataformas móveis, simplificando ações para manter o internauta navegando, encaminhando-o para páginas que tragam conversão e lucros para as empresas.

Em resumo, em vez de tratar o cliente como "eu", empresa ou gestor, gostaria de ser tratado, o que se propõe é tratar o cliente como "ele", cliente, gostaria de ser tratado.

Mais do que o uso, tenta-se gerar prazer nos clientes, à medida em que suas compras e contratações se transformam em experiências emotivas e marcantes. Isso deve acontecer em todos os pontos de contato entre o cliente e a empresa (produtos e serviços). Esse contato leva à construção da percepção global sobre a experiência do cliente com a empresa – constituindo-se em preciosas informações para a concepção de novos produtos e serviços. Mas deve-se estar atento à importância da conexão entre as expectativas geradas e as promessas de entrega.

O ponto de partida de qualquer produto em uma experiência significante para o usuário é que esse produto precisa ser útil. Assim, a pergunta a ser sempre feita é: **o usuário realmente precisa do produto que está sendo oferecido?**

Em seguida, outro ponto a ser atendido é o da usabilidade, ou seja, se o produto será de fácil utilização, de acordo com as necessidades do cliente. **O cliente terá facilidade de usar o seu produto ou serviço?**

Por fim, o cliente tem que desejar o produto ou serviço. Aqui acontece a mágica, ou seja, o uso da solução excelente encanta o cliente. **O cliente deseja usar o seu produto ou serviço?**

A experiência do colaborador como diferencial competitivo

O primeiro ponto aqui é que você e sua empresa devem investir em pesquisas e análises para conhecer melhor o seu cliente e compreender quanto o seu produto ou serviço efetivamente atende ao desejo dele – isto é, qual o grau de prazer e satisfação embutidos no que você entrega.

Agora pare um pouco e pense: e se você fizesse exatamente isso com os seus colaboradores? E desse a eles a oportunidade de expressarem o que sentem em relação ao que fazem na sua empresa?

Pois é exatamente isso que as organizações deveriam fazer em relação aos seus funcionários. E isso é o que procuro fazer em relação aos meus colaboradores. As empresas devem criar diferenciais competitivos que façam com que seus funcionários, mesmo recebendo a média salarial do mercado, queiram ficar no negócio. Caso contrário, os bons sairão na primeira oportunidade, e os mais medíocres ficarão em número cada vez maior. Consequência? Sua empresa é a soma dos talentos que você, gestor, possui.

Se considera a aplicação do conceito de UX no seu negócio, por que não fazer a gestão com foco também em melhorar as experiências dos colaboradores, mantendo o alinhamento motivacional deles com os objetivos e os resultados da empresa? Por que manter uma estrutura arcaica e amarrada – sem sentido nos dias atuais –, com horários e organogramas que remontam a décadas, alguns até a séculos, sem o menor sentido, e justamente por isso já nem sabemos mais o real motivo por qual foram criados?

> *Sua empresa é a soma dos talentos que você, gestor, possui.*

O que estou propondo é que você aplique aos seus colaboradores as mesmas análises e técnicas empregadas no conceito de *User Experience*. Que você abra espaço para captar a percepção, positiva ou não, das pessoas ao interagirem com determinada marca ou produto. Na prática, o UX se refere a produtos úteis e extremamente fáceis de entender e usar e que, além disso, **geram prazer de uso aos clientes**. Em suma, o objetivo é atender a necessidade e gerar prazer.

> *No caso do Worker Experience, a ideia é fazer com que o colaborador tenha prazer ao trabalhar.*

No caso do *Worker Experience*, a ideia é fazer com que o colaborador tenha prazer ao trabalhar.

Você já deve ter percebido as vantagens de adotar esse conceito. Pense nas experiências positivas que você teve com determinados produtos e avalie se você mudaria de marca simplesmente por questão de preço. Quando você sai com seus amigos ou família para comer uma pizza, por exemplo, o preço até pode ser uma *questão relevante*, mas não chega a ser *determinante*. O que conta, ou o que se sobrepõe ao custo, é a experiência de prazer. Em outras palavras, o conjunto da obra conta (bem) mais que a obra em si.

No caso dos seus colaboradores, isso não é diferente. Um funcionário motivado a esse ponto, isto é, obtendo prazer e com a sensação de estar realizando uma missão, irá contribuir sempre mais e melhor para que você, e também sua empresa, proporcione o mesmo nível de satisfação aos clientes.

No ponto de contato inicial do cliente com a empresa, no caso do UX, é preciso fazer com que o usuário se identifique com um problema e se interesse pela solução que será oferecida, deixando claro que o produto ou serviço, naquele preciso formato, é tudo de que ele precisa. Isso gera, posteriormente, fidelização e aumento de vendas.

Lembro aqui do processo de entrevista que a Disney faz com os candidatos que aspiram a algum cargo no Walt Disney World – e que nos dá uma ideia inicial do significado do WX. A empresa construiu um grande prédio, chamado The Walt Disney World Casting Center, apenas para recrutar e entrevistar os candidatos a colaboradores ou membros do elenco. Logo na entrada, há um salão redondo com personagens da Disney pintados com tinta à base de ouro 24 quilates. A personalização e a atenção aos detalhes tomam conta de todo o prédio, que tem inclusive a fachada pintada com um desenho que lembra a meia que Walt Disney mais gostava de usar. O que, para alguns, pode parecer bobagem, na verdade, se trata de uma preocupação em colocar os candidatos em contato com a cultura de excelência em atendimento e de atenção aos detalhes desde o início da sua jornada na empresa. Isso mostra coerência em se fazer o que se divulga.

Quando o candidato é entrevistado, podem acontecer três desfechos:

1. O candidato é muito bom e é imediatamente selecionado.
2. O candidato é muito bom e será contratado assim que houver vaga.

3. O candidato não é contratado. Nesse caso, se ele aceitar, receberá um feedback sobre os motivos de não ter sido escolhido e poderá participar do processo seletivo novamente após seis meses.

Dessa forma, a Disney mostra o cuidado até em dar a negativa ou dizer "não". Assim, há uma grande chance de aquelas pessoas que não se tornaram clientes internas se encantarem ainda mais e voltarem como clientes externos. Ou seja, a experiência do candidato a colaborador é focada com muita atenção, desde o seu primeiro contato.

O conceito na prática

Eu diria que é quase uma regra se chegar a uma organização e, ao perguntarmos por que algo funciona daquela forma, ouvir a seguinte resposta: "É assim porque sempre foi assim". Mas por que é assim? Ninguém sabe o real motivo.

Na verdade, muitos se esquecem de dar a devida atenção à qualidade da relação empresa-colaborador. Essa é uma relação não só especial, mas vital para o sucesso e resultados do seu negócio. E deve ser uma relação do tipo "ganha-ganha", ou seja, tão boa para a empresa quanto para o colaborador. Infelizmente, não é o que tenho observado.

De modo geral, o que tenho visto é uma relação de hipersuficiência-hipossuficiência, do tipo "ganha-perde" mesmo. Uma relação em que se tenta tirar o máximo possível dos funcionários, sem se preocupar com o seu bem-estar ou com sua experiência no trabalho. Nem preciso dizer aqui sobre o impacto negativo que isso tem na sua empresa: queda de faturamento, desmotivação, fragmentação e perda de foco. Muitos chamam isso, a meu ver de modo equivocado, de "crise".

Sou sócio e diretor administrativo de uma clínica há 17 anos. Nesse período, a empresa cresceu e sempre apresentou bons resultados. Já precisei demitir várias pessoas, mas nunca tive uma única causa trabalhista. Ao longo desses anos, observei alguns fatores que talvez ajudem a explicar a razão da qualidade dessas relações.

- Sempre estabeleci um padrão de respeito com os meus colaboradores, dentro de uma relação humanizada.
- Busquei em todas as oportunidades construir um ambiente alegre e inspirador.
- Ouço e sempre procuro atender às necessidades dos funcionários. Na medida do possível, se há chances de ajudar ou atender a uma demanda deles, por que não fazer?
- Nossas relações sempre foram do tipo "ganha-ganha". Todas as soluções propostas partiam do pressuposto de que tanto a empresa quanto o colaborador deveriam sair ganhando. Caso isso não fosse possível, minha opção seria preservar o colaborador, garantindo-lhe algum ganho, mesmo que em detrimento da empresa. Era uma relação, nesse caso, do tipo "perde-ganha", mas mais favorável ao colaborador. Há quem ache isso loucura, mas não é. Um ganho eventual não pode se sobrepor a uma relação que tende a se perpetuar no tempo. Você precisa do seu colaborador hoje e vai precisar mais ainda dele amanhã. Como ele poderia confiar em você, ou na sua empresa, se em uma primeira oportunidade de ganho *eventual* ele fosse passado para trás?
- Tento horizontalizar as relações. Todos os colaboradores sempre têm acesso direto a mim, o canal está sempre aberto. Se for algo que ache necessário, comunico ao gestor da área. Isso não é desrespeitar a hierarquia, mas uma forma de acelerar os procedimentos e desburocratizar as rotinas.
- Acredito muito nesses três pilares: 1) recompensa; 2) reconhecimento; 3) celebração. Sempre que possível, busco recompensar financeiramente, às vezes com um bônus de final de

ano atrelado ao resultado da empresa. Também busco o reconhecimento frequente, com elogios a ações positivas fora da curva. Na diretoria comercial da Unimed Fortaleza, criamos buttons representativos das chaves de excelência, que são dados em público sempre que o colaborador tem alguma ação a ser destacada em uma das chaves (cortesia, comprometimento e agilidade). Por fim, procuramos ter momentos de celebração, com pequenas festas em alguns períodos do ano, como época junina, aniversário da clínica ou fim de ano. Na Unimed Fortaleza, sugeri, em 2015, a criação do dia do colaborador (26 de maio), que evoluiu para a semana do colaborador, quando ocorrem atividades voltadas exclusivamente para todos eles, que se encerra, normalmente, com um grande evento em que acontece uma palestra, seguida de festa.

Tenho dois casos que ilustram bem esse tipo de gestão. O primeiro se deu com colaboradores da diretoria comercial da Unimed Fortaleza. O horário de trabalho normal de todos era das 8 às 18 horas, com duas horas de intervalo para almoço. Certo dia, algumas pessoas de determinado setor vieram me abordar pedindo que mudasse o intervalo para uma hora de duração, para que pudessem então sair às 17 horas. Diziam que esse era o desejo de quase todos na área. Fui, então, tentar resolver a questão.

Ao perguntar para outras pessoas da empresa, a resposta inicial foi que isso não poderia ser feito. Quando perguntei a razão, ouvi: "Porque tem que ser assim". Para variar, não ouvi uma explicação plausível ou convincente. Como diz um grande amigo, Pedro César, era mais "um jabuti em cima da árvore". A gente sabe que está lá, mas ninguém sabe como ele subiu. Com certeza alguém o colocou lá.

O próximo passo foi chamar as pessoas da equipe para ver realmente quem queria mudar de horário. Fui surpreendido, pois a informação inicial de que quase todos queriam não se confirmou. Aproximadamente metade da equipe queria mudar, mas a outra metade queria manter o mesmo horário.

Então chamei os gerentes para analisarmos a situação. Percebemos que, para a empresa, tecnicamente não haveria problema algum se parte da equipe saísse à 17 horas, e a outra parte, às 18 horas.

Decidimos fazer uma experiência de três meses. Mas, para isso, fui muito claro com as pessoas ao dizer que era uma experiência e que, caso não funcionasse bem, voltaríamos à situação inicial. Todos concordaram. Começamos o novo modelo e deu muito certo, aumentando bastante a satisfação da equipe e, principalmente, sem nenhum prejuízo para a empresa.

Você não acha que trabalhar com pessoas satisfeitas é melhor?

Outro exemplo, esse talvez mais difícil, foi a escolha do novo superintendente da diretoria comercial. O organograma da diretoria comercial da Unimed Fortaleza apresenta, na sua parte superior, o seguinte desenho: diretor; abaixo dele, o superintendente; e abaixo deste, cinco gerentes. O cargo de superintendente é muito importante, principalmente por se tratar de membros da alta gestão da empresa.

Em determinado momento, esse cargo ficou vago na minha diretoria. Cabia a mim, portanto, escolher um substituto. Tinha duas opções: trazer alguém do mercado, com experiência em negócios, ou escolher alguém da equipe de gerentes e promovê-lo.

Bem, não é uma solução fácil. Trazer alguém de fora seria como colocar sangue novo na equipe, pois buscaria um profissional com visão diferente, com outras experiências, de outros mercados. No entanto, provavelmente seria uma pessoa que não conheceria a fundo o nosso mercado e que provavelmente levaria certo tempo para entendê-lo, com o risco relativamente alto de ser alguém que não interagisse tão bem com o restante da equipe. Sem contar que a escolha de uma pessoa de fora poderia ser encarada como falta de prestígio ou falta de confiança da direção em relação aos membros da equipe, e isso poderia desmotivá-los, enfraquecê-los, enfim, propiciar todo o tipo de situação que não ajuda em nada na construção daquela relação que buscamos: o ganha-ganha.

Como resolver isso? Abrir uma oportunidade interna?

Quanto à equipe de gerentes, consegui formar um time no qual confio demais e muito me orgulho. Sempre digo que todos são melhores do que eu no que eles fazem. Por exemplo, o gerente de vendas é melhor do que eu em vendas; a gerente de marketing é melhor do que eu em marketing; e assim por diante. Isso é fundamental para que eu pense e trabalhe de forma mais ampla, mais estratégica. Nesse contexto, poderia escolher qualquer um deles. No entanto, se eu fizesse a escolha, isso poderia levar a algum descontentamento entre os outros, que poderiam se perguntar: *por que não eu?*

Minha decisão foi chamar todos eles e explicar que eu tinha duas opções: trazer alguém de fora ou promover um do grupo. Jogo aberto, franco, compartilhado. Disse que sairia da sala e queria que eles conversassem e trouxessem para mim uma sugestão de qual das duas opções escolher. No entanto, se a opção fosse promover um deles, eu queria que eles indicassem o nome a ser promovido.

Saí da sala, e, após uma conversa de quase uma hora, trouxeram a resposta: queriam que eu promovesse um deles, e o nome indicado foi o do Cláudio Sabóia, então gerente de relacionamento corporativo.

Confesso que, muito provavelmente, essa seria a minha escolha, mas da forma como isso foi construído, de maneira participativa e com a chancela de toda a equipe, as chances de algum deles se desmotivar eram mínimas, para não dizer nulas; e, principalmente agora, mais do que nunca, precisarão contribuir para que a opção deles dê certo.

No momento em que escrevo este livro, já posso contar mais de oito meses dessa escolha e afirmar sem medo que estamos tendo os melhores resultados possíveis. Estou extremamente satisfeito, e a equipe também mostra muita satisfação e motivação com o novo quadro.

Você percebe que, tanto em situações complexas como esta em que contei o processo de escolha de um novo gestor, quanto em situações aparentemente mais simples, como a flexibilização da jornada, tudo conta e faz diferença na forma de tratar seus colaboradores. Isso pode se dar em situações cotidianas, quase banais, como a mudança do layout da sala de trabalho, a posição de mesas e cadeiras, a iluminação do ambiente, regras de uso de redes sociais, vestimentas, enfim, qualquer situação que possa melhorar a experiência do funcionário na empresa em que trabalha. Não tenha dúvidas de que todos ganham, inclusive a empresa.

No entanto, um simples *detalhe*, como a frustração de um colaborador, pode mudar tudo. Não importa se ele se chateia com o horário ou com a falta de reconhecimento. O resultado é o mesmo: desmotivação. Por isso, todo o empenho é importante e necessário para o bem-estar do colaborador. O curioso é que situações desse tipo em que aparecem frustrações, desmotivações e outras contrariedades quase não são percebidas – não porque esses *sintomas* estejam ocultos, mas é que os gestores, de modo geral, tendem a se acostumar com eles, assim como os próprios funcionários, por incrível que pareça.

Existe um relato que mostra bem como isso acontece, quando as coisas são feitas de determinado jeito e continuam sendo feitas daquela forma porque *sempre* foram assim:

É contado que um grupo de cientistas colocou seis macacos em uma jaula com uma escada que dava acesso a um cacho de bananas.

Sempre que um macaco subia a escada para pegar as bananas, os cientistas acionavam um jato de água fria nos outros cinco macacos que estavam no chão. Depois de certo tempo, sempre que algum macaco ia subir a escada, os outros batiam nele para evitar que tomassem outro banho de água fria, tendo em vista que faziam a relação clara entre um deles tentar subir e os outros receberem o banho.

Após algum tempo, nenhum macaco subia mais a escada, apesar da tentação das bananas (e da escada), pois tinham medo ou da surra ou do banho.

Então os cientistas substituíram um dos macacos por um novo, cuja primeira atitude foi subir a escada para pegar as bananas. Imediatamente, os outros o impediram e bateram nele.

Após algumas tentativas malsucedidas de subir a escada, nas quais sempre apanhava dos outros, o novo integrante do grupo também desistiu e não mais subia a escada.

Um segundo macaco foi substituído, e a mesma coisa aconteceu. O detalhe é que aquele primeiro substituto, que tinha chegado antes e que também havia tentado pegar as bananas, agora participava ativamente da surra.

Na sequência, o terceiro, o quarto, o quinto e, finalmente, o sexto e último macaco foram trocados, e o mesmo ocorreu.

O grupo, então, ficou composto por seis macacos que, mesmo nunca tendo sido banhados com água fria, continuavam batendo naquele que tentasse pegar as bananas.

Na verdade, se fosse possível perguntar a algum deles por que eles batiam em quem tentasse subir a escada, com certeza a resposta provável seria: "Não sei, mas as coisas sempre foram assim por aqui".

É isso o que acontece em muitas organizações – às vezes até em sua vida. Elas estão repletas de situações que não funcionam mais, que dificultam a vida dos colaboradores, que ninguém mais sabe porque estão lá, mas que continuam a existir simplesmente porque ninguém, em especial os líderes, dedica tempo para analisar, entender e melhorar o que existe.

É isso o que acontece em muitas organizações – às vezes até em sua vida. Elas estão repletas de situações que não funcionam mais, que dificultam a vida dos colaboradores, que ninguém mais sabe porque estão lá, mas que continuam a existir simplesmente porque ninguém, em especial os líderes, dedica tempo para analisar, entender e melhorar o que existe.

Proponho aqui um roteiro de ações e atitudes simples, que faz parte do que chamo de um *grande desafio dos líderes* e que se constitui dos seguintes passos que devem ser incorporados à rotina de qualquer gestor:

1. Autoconhecimento

O gestor precisa constantemente refletir sobre as práticas nas quais acredita, sobre as "verdades" que existem na sua mente e na sua empresa. É preciso que ele conheça muito bem todas elas ou, pelo menos, a maioria delas.

2. Desafiar suas verdades

Após conhecer aquilo que acredita, as práticas que tem como certas, o gestor deve questioná-las, no sentido de saber se ainda funcionam, se ainda representam uma verdade. É importante que se entenda que aquilo que funcionou um dia não necessariamente continuará funcionando. Muitas coisas, provavelmente, não funcionam mais. É preciso ter coragem de deixar de lado aquilo que, mesmo um dia tendo sido muito útil, não serve mais. Como aprendi com o mestre Roberto Shinyashiki: "É preciso fazer como se faz com o arroz queimado". Ou seja, quando se está cozinhando e o arroz queima, não há outra coisa a fazer, senão jogá-lo no lixo.

3. Compartilhar suas conclusões

É preciso que a equipe seja chamada a discutir e conhecer aquilo que o líder acredita que funciona e o que acha que não serve mais, tanto para as pessoas como para a empresa. Mais do que nunca, aqui se encaixa perfeitamente o conceito de *Worker Experience*, ou seja, a experiência do colaborador, que é o que valida aquilo que o líder acredita que funciona. É essa anuência do grupo que fará as coisas realmente funcionarem e trará o perfeito engajamento da equipe em torno daquilo que está então sendo proposto. Além disso, compartilhar ideias com colaboradores, mostrando a eles o "porquê" daquilo que se quer ou que se acredita, aumenta muito a chance de haver entendimento e, consequentemente, engajamento por parte de quem está ouvindo a explicação.

É fundamental que o líder sempre faça estas duas perguntas para ele mesmo e para a sua equipe:

- **O que não estamos fazendo e devemos fazer?**
- **O que estamos fazendo e não devemos mais fazer?**

Isso mesmo. O objetivo aqui não é somente buscar fazer o que não se está fazendo, mas também parar de fazer o que não precisa ser feito. Nesse caso, tem que ter coragem de jogar fora o que não faz sentido. E isso inclui algumas práticas e rotinas. O que no passado funcionou em uma empresa ou em um setor não necessariamente servirá em outros lugares ou até no mesmo lugar, na atualidade.

4. Aprendizado em conjunto

Essa atitude levará ao aprendizado constante em conjunto de todos os que fazem a empresa, sempre com foco no pensamento sistêmico, ou seja, sempre olhando para a estratégia maior da empresa, para onde todos querem chegar.

Entender o que é melhor para o colaborador tem uma grande chance de levar a empresa a alcançar melhores resultados. Como já mencionei, alguns autores acreditam que o clima de uma empresa é responsável por até um terço de seus resultados financeiros. Além disso, ouvir de quem está diretamente ligado aos processos como melhorá-los é algo extremamente racional e efetivo. Ninguém melhor do que o próprio colaborador para dizer como melhorar o que ele faz no dia a dia.

Um exemplo que gosto de citar foi algo que vi no curso A Estratégia da Magia, na Disney. Lá conhecemos uma grande lavanderia, responsável por lavar toda a roupa do complexo Disney em Orlando. Um belo dia, um colaborador chegou para o seu chefe imediato e disse que estava rasgando, em média, três lençóis por dia, pois o gancho no qual pendurava os lençóis era muito fino e rasgava-os com facilidade. O chefe foi verificar a situação e viu que o colaborador tinha razão. Então, providenciou a troca dos ganchos. Só com essa atitude, a economia anual foi de US$ 110 mil. Nesse caso, o líder teve a humildade e, principalmente, a inteligência de ouvir quem mais entendia daquele processo: o colaborador que trabalhava nele.

Então, por que não olharmos e entendermos o que o nosso colaborador quer e procurar atendê-lo? Se não traz prejuízos para a empresa, não há razão para não tentar melhorar a experiência dos colaboradores no ambiente de trabalho.

Fica claro aqui que todos devem ser ouvidos e que a ideia que deve prevalecer é a melhor, independentemente de quem seja.

Então, por que não olharmos e entendermos o que o nosso colaborador quer e procurar atendê-lo? Se não traz prejuízos para a empresa, não há razão para não tentar melhorar a experiência dos colaboradores no ambiente de trabalho.

Você concorda?

Capítulo 7

LIDERANÇA
– OU A ARTE DE INSPIRAR PESSOAS PARA GRANDES RESULTADOS

Um exército de ovelhas liderado por um leão derrotaria um exército de leões liderados por uma ovelha.

PROVÉRBIO ÁRABE

Como você está vendo, o sucesso de um modelo de gestão envolve o alinhamento de uma série de princípios e elementos, sem os quais se compromete bastante os resultados almejados. No entanto, quero falar aqui de uma questão-chave nesse processo – eu diria até que decisiva. Trata-se de liderança, e é algo que vai além de uma função específica, descrita em um manual. Afinal, não é porque uma pessoa está na condição de chefe, supervisor ou proprietário do negócio que ela será *naturalmente* líder. Você já deve ter percebido que não é o posto ou o cargo que faz um líder, e sim o oposto, é o líder que, com sua dinâmica, determinação e visão, empresta ao cargo o prestígio da sua liderança. Esse é um ponto essencial num negócio – e também na sua área ou departamento. Justamente por isso, há muita confusão e dúvida sobre o que vem a ser liderança. A começar pela sua principal função: afinal, o que faz um líder?

Para mim, a principal função de um líder é conseguir resultados desenvolvendo pessoas lideradas por ele. É uma frase simples, mas carregada de significado.

Ainda criança, aprendi com meu pai que a pessoa que guarda o que sabe para si própria e não repassa para os outros é como um livro fechado. Por mais conteúdo que tenha, de nada serve, pois ninguém pode acessá-lo.

> *Para mim, a principal função de um líder é conseguir resultados desenvolvendo pessoas lideradas por ele.*

Esse aprendizado me inspirou algumas práticas que carrego e aplico em todo lugar. Na qualidade de gestor, por exemplo, sempre tenho três atitudes com minha equipe:

- **Ensinar o que sei:** sempre tento fazer treinamentos ou repassar resumos de livros e cursos que faço para as pessoas da minha equipe. Isso, além de servir de valor agregado a eles, me ajuda a sedimentar o conhecimento adquirido – e também reforça o que eu mesmo aprendi. Dizem que a gente ensina o que mais tem necessidade de aprender.
- **Perguntar o que não sei:** essa é uma forma rápida e objetiva de aprender. Não há demérito algum em perguntar quando não se sabe. Pelo contrário, isso faz com que as pessoas se sintam valorizadas e se aproximem mais de você, sem contar que essa atitude contribui muito para o crescimento do seu conhecimento.
- **Fazer o que digo:** de nada adianta pregar algo e agir de forma totalmente diferente (e secreta). O verdadeiro valor de um líder está na coerência de fazer o que prega, alinhando discurso e prática numa mesma direção.

Um monge e pensador britânico chamado Beda, São Beda para os católicos, que viveu entre os séculos VII e VIII e é considerado "o pai da história inglesa", disse que **há três caminhos para o fracasso: não ensinar o que se sabe, não praticar o que se ensina e não perguntar o que se ignora**".

Ensinar o que se sabe é uma forma de generosidade.
Praticar o que se ensina é um ato de coerência.
Perguntar o que se ignora é um modo de humildade.

Tenho convicção de que generosidade, coerência e humildade são virtudes que devem ser desenvolvidas e cultivadas por todo e qualquer gestor. É uma forma simples e extremamente eficaz de conquistar a confiança e o respeito da equipe e, consequentemente, de conseguir excelentes resultados.

E aqui, uma pergunta. Liderança é questão de dom ou qualquer pessoa pode aprender a ser um excelente líder?

Sei que essa é uma opinião polêmica. Por exemplo, o meu querido amigo Tadeu Sobreira, com quem troco frequentemente bons momentos de papo sobre gestão e sobre a vida como um todo e de quem recebo os melhores feedbacks, afirma em seu livro *Network: a rede na vida e nas empresas* (2017), ter dificuldade em acreditar que qualquer um pode se tornar um bom líder: "Eles podem desenvolver algumas habilidades importantes para o bom gestor e até fazê-lo muito bem. Porém, esta atividade não é contínua, fisiológica".

Embora para alguns, liderança seja, sim, questão de dom, de competência genética que nasce com o indivíduo, de forma que algumas pessoas consigam desenvolvê-la com muito mais facilidade do que outras, na minha opinião, para a maioria das pessoas, liderança é uma habilidade ou competência que pode e precisa ser desenvolvida, devendo ser aprimorada com práticas adequadas. É uma competência que exige conhecimento, inteligência, humanidade, percepção, saber lidar com emoções e muito estudo. Assim, isso deve desmistificar bastante aquela ideia de que fulano nasceu para ter sucesso pelo simples fato de que foi agraciado pelo destino. Na verdade, como diz um outro ditado, "quanto mais eu treino, mais sorte tenho". Quanto mais você estuda e pratica, mais sucesso terá naquilo que faz.

Então, a minha sugestão é que, tendo em vista que não sabemos a resposta certa para essa questão, qualquer pessoa em cargo de gestão procure, com todas as forças, desenvolver-se como líder, em busca da excelência na liderança. Caso não se chegue ao nível de excelência, com certeza se atingirá um nível muito melhor que o atual. Como ouvi do mestre Roberto Shinyashiki: "Mire uma estrela. Se você errar, acertará a Lua".

Em essência, esse é o papel de um verdadeiro líder, alguém que estuda, aprende e sabe contagiar seus pares com os conhecimentos que adquire. Aprender é um requisito determinante no exercício da liderança. E mais, é o caminho mais seguro para um crescimento sustentado, perene e compartilhado por todos.

Gosto muito do exemplo mencionado pelo grande pianista erudito Arthur Moreira Lima, o qual reforça bastante esse ponto. Um dia, após um show, um fã lhe disse: "Eu daria a vida para tocar piano como o senhor". Ao que ele respondeu: "Eu dei. Foram mais de trinta anos treinando nove horas por dia, todos os dias".

O mesmo princípio se aplica àqueles que, "de repente", são "acusados" de fazer um estrondoso sucesso da noite para o dia. Dizem que, quando perguntado sobre como se sentia quando lhe diziam isso, "fazer sucesso da noite para o dia", o ator e compositor americano Eddie Cantor respondeu: "Não me incomodo. Afinal, levei vinte anos para fazer sucesso da noite para o dia".

Não vou dizer que não haja quem realmente faça um sucesso retumbante da noite para o dia. Isso é possível, em alguns casos, mas está no campo das exceções – que, como você sabe, só confirmam a regra. De modo geral, o grande sucesso é construído no anonimato e em silêncio, mas não no isolamento. Muito estudo, prática, milhares de tentativas e erros, trocas, críticas, dificuldades, muita garra e fé – sim, se você não acreditar em você, quem mais irá acreditar?

Não saia fazendo tudo ao mesmo tempo. Use o princípio de Pareto (também conhecida como "regra do 80/20"), que diz que 20% das causas são responsáveis por 80% dos resultados. Ou seja, foque o que é mais importante, o que causa mais impacto – os resultados que contam, que fazem a diferença, vêm disso.

É o que faço no meu dia a dia. Foco, determinação e trabalho duro são minhas chaves para a busca do sucesso. E aqui confesso: todas as vezes que fui bem-sucedido na vida, esse tripé me acompanhou muito de perto.

Cito um exemplo que ilustra bem essa passagem: fiz meu segundo grau, hoje ensino médio, em uma escola pública. Era um curso profissionalizante de Técnico em Mecânica, na então Escola Técnica Federal do Ceará. Próximo ao fim do curso, decidi que não queria continuar a vida "na graxa", como se dizia, e que iria tentar seguir a carreira de médico. Bem, era como mudar da água para o vinho. Uma "chuva" de pessoas caiu em cima de mim dizendo que eu estava ficando louco, que aquilo seria impossível e até que tinham pena de mim. Isso pelo fato de eu ser oriundo de escola pública, o que em si já era uma dificuldade, digamos, natural. Mas havia outro motivo: naquela época, a segunda e mais importante fase do vestibular era composta de Redação e de mais duas matérias específicas, que, no caso da Medicina, eram Química e Biologia, disciplinas que eu tinha visto muito superficialmente, apenas no primeiro semestre do curso técnico de Mecânica. Era, realmente, como se nada tivesse visto.

Pois bem. Concluí o curso técnico no dia 28 de janeiro de 1993 (o atraso se deveu a mais uma das inúmeras greves que enfrentamos) e quatro dias depois iniciei as aulas em um cursinho preparatório para o vestibular. Ou seja, foco no mais alto grau.

A partir de então, usei todas as armas de que dispunha. Intuitivamente, pois ainda não conhecia o conceito de Pareto (80/20), foquei o estudo no que eu tinha mais carência e nos assuntos com maior probabilidade de cair na prova (estudei muito pouco sobre Matemática e Física, pois, como sempre fui um aluno muito dedicado e essas matérias foram muito presentes na escola técnica, considerei que estava bem preparado para elas). Além da manhã, no cursinho, estudava, em casa, em média, mais 8 ou 9 horas por dia, de domingo a domingo, com muito foco e determinação. Eu sabia o que queria e estava preparado tanto para passar como para não passar (eu tinha de considerar essa hipótese também). Já tinha claro, por exemplo, que, caso não passasse, descansaria duas semanas e voltaria ao mesmo ritmo de estudo, aproveitando a bagagem adquirida até então. Não deixaria que *ninguém*, quem quer que fosse, determinasse que aquilo era impossível para mim. Só eu poderia fazer isso um dia, e, mesmo assim, após ter tentado muito. Graças a Deus, passei da primeira vez e tive a felicidade de me tornar médico pela Faculdade de Medicina da Universidade Federal do Ceará.

Estão evidentes minha determinação e foco. Mas isso não é suficiente. É preciso trabalhar duro, e muito, pois a sombra do fracasso é uma ameaça constante. O único jeito de superá-la é perseverar e se autoimpor a necessidade de irmos em frente e conquistarmos nossos objetivos.

Mas nem todos têm essa percepção do seu potencial. Numa empresa, área ou departamento, no trabalho em grupo principalmente, a maioria das pessoas se perde no mar de afazeres que nem sempre é claro nem consciente. Num certo sentido, as pessoas tendem a trabalhar em um formato que poderia se chamar de "piloto automático". As tarefas são feitas mecanicamente, porque sempre foram feitas dessa maneira, e não há questionamentos nem oposições. "Faz-se o que se tem para fazer, do jeito que sempre foi feito". É aqui que entra o líder, que, como um farol, ilumina as perspectivas de avanço e desenvolvimento, descobrindo talentos, incentivando outros ainda emudecidos, reconectando aqueles que tendem ao isolamento, despertando colaboradores que nem sequer sonhavam com a possiblidade de fazer a diferença em seu trabalho.

Para mim, é muito claro que um grande líder se preocupa muito mais com o sucesso da empresa e dos seus liderados do que com si próprio. Para ele, os louros da vitória são do time. O que ele assume sozinho são os problemas, as falhas e as "broncas". Sempre procurei fazer isso. Para mim, líder que cresce sozinho não é líder; é oportunista.

Inteligência Alternativa

No curso APG sênior, da Amana-Key, tive a oportunidade de assistir a um vídeo muito interessante, de um morador do Vale do Jequitinhonha, chamado Geraldo Nobre. Lá, ele usou um termo chamado "Inteligência Alternativa", que acredito ser fundamental para todo e qualquer líder.

Na verdade, Inteligência Alternativa significa procurar fazer mais com menos. Usar e maximizar o que se tem, inclusive no que diz respeito ao potencial das pessoas.

Inteligência Alternativa significa procurar fazer mais com menos. Usar e maximizar o que se tem, inclusive no que diz respeito ao potencial das pessoas.

Além disso, sempre se deve perguntar "para que?" fazemos o que fazemos. Qual é o nosso objetivo? Não perder isso de vista é como ter sempre em mãos uma bússola a nos indicar a rota do nosso destino. E isso nos ajuda, muitas vezes, a antecipar dificuldades ao longo do caminho. O que nos faz pensar que o melhor momento para mudar seja justamente quando se está bem, pois, se esperarmos os problemas aparecerem, talvez seja tarde demais para alguma reação.

E aqui vale uma dica importante: se uma estratégia não funciona, você, enquanto líder, deve tentar outra diferente. Isso é importante porque as pessoas tendem a repetir ações e estratégias que não dão certo simplesmente pelo fato de que não querem parecer erradas – a vaidade é uma coisa difícil de vencer – e se esquecem de que, num processo, o que deve ser preservado são os objetivos e os valores, e não as estratégias. Afinal, não se mede uma empresa por suas estratégias, mas por seus resultados.

Sei que dizer isso parece muito óbvio. Mas o fato é que, tenho visto, as empresas estão repletas de "ciclos viciosos", ou seja, de ações que se repetem sem dar resultados e que são praticadas sem que ninguém saiba mais a razão. Aqui, a presença do líder é crítica. O seu papel é transformar esses "ciclos viciosos" em "ciclos virtuosos", ou seja, em ações que levem ao crescimento constante da empresa, com resultados consideráveis. Isso às vezes exige **evitar falsos atalhos, como aqueles que indicam reformar, remendar ou supostamente melhorar o que já existe**. Nem sempre isso é possível. Reconhecer esse estado exige grandes doses de coragem. Há momentos em que o líder precisa ser decisivo e reinventar um processo, começando do zero.

Em determinadas situações, só reformar (ou remendar e melhorar) pode levar a uma situação cada vez pior no longo prazo, pois mantém uma base problemática (vide o que acontece no nosso país – reforma da previdência, reforma trabalhista, reforma eleitoral, reforma, reforma, reforma…). Ora, não seria o caso de começar alguma coisa diferente a partir de uma base limpa, com o propósito de olhar para a frente – sem preservar o que não faz mais sentido? Ou seja, muitas vezes, o que as empresas precisam não são de reformas, mas, sim, fazer "o novo", começando do zero.

Uma pergunta que sugiro que você faça a sua equipe, em especial quando for compor o planejamento estratégico, é: **"Se fôssemos começar nossa empresa do zero, com o conhecimento, *know-how* e tecnologia que temos hoje, qual empresa gostaríamos de ter?"**.

A resposta certamente mostrará um *gap* entre a realidade e o ideal. O plano de ação deverá, portanto, contemplar justamente isto: reduzir o *gap*, a ponto de eliminá-lo, com coragem para descartar o que é inútil, jogar fora o que não serve mais.

No meu papel de líder e gestor sempre procuro migrar do questionamento que oscila entre o **certo** ou **errado** para o **funciona** ou **não funciona**. O certo ou errado aqui não têm o sentido de ser correto ou não. O que quero dizer é que, muitas vezes, nos prendemos às práticas antigas, que não funcionam mais, pelo simples fato de, por exemplo, estarem em uma norma que foi construída há anos,

Ou seja, muitas vezes, o que as empresas precisam não são de reformas, mas, sim, fazer "o novo", começando do zero.

até há décadas, apenas por ninguém, em especial o líder, ter tido a atitude de entendê-la, questioná-la e alterá-la para permitir práticas que tragam resultados.

O meu compromisso, e torço para que este seja o seu também, é fazer as coisas acontecerem!

Autonomia de voo

Acredito que algo extremamente eficaz para o sucesso de um líder seja cultivar uma relação de confiança e desenvolver responsabilidades nos liderados, aumentando cada vez mais a quantidade de ações delegadas, levando-os a desenvolverem algo que considero fundamental, não só para eles, mas também para mim, líder, e para a própria empresa: a autonomia.

Essa é uma qualidade cujo principal pressuposto é justamente o ato de delegar – aqui entendido, conforme disse no capítulo 2, como atribuir funções a alguém capaz de realizar o que se pede, dando-lhe condições para fazer e liberdade para inovar. O líder, nesse caso, acompanha o colaborador de perto, sempre pronto a corrigir ou ajustar o que for necessário para a obtenção dos resultados desejados.

No entanto, autonomia requer algo muito importante ao seu lado: responsabilidade; que vem a ser exatamente a capacidade de ponderar os riscos e oportunidades, de forma equilibrada – e não paralisante.

> *O ideal é que o líder forme uma equipe e ela atue tão bem que não precise da presença dele. O que ficará presente serão os seus ensinamentos, seus valores e conhecimentos.*

Quando o líder consegue um alto nível de autonomia da sua equipe, ele pode agir de forma bem mais estratégica, olhando para o "macro", para as tendências do mercado, para o crescimento e o futuro da empresa. O ideal é que o líder forme uma equipe e ela atue tão bem que não precise da presença dele. O que ficará presente serão os seus ensinamentos, seus valores e conhecimentos.

Tem uma frase que gosto muito e que se refere à necessidade de se conseguir a autonomia da equipe para se pensar e agir de forma mais estratégica: "Quem está servindo o cafezinho não pilota o avião".

Liderança situacional

Pergunta: qual a melhor forma de liderar?

Resposta: a que mais funciona para a pessoa que está sendo liderada.

Na verdade, é impossível liderar pessoas com apenas uma forma ou estilo. Em geral, as equipes são formadas por profissionais de gerações diferentes, com características diferentes. Nesse caso, não se deve usar da igualdade, que seria tratar a todos da mesma forma, mas sim usar da equidade, que é tratar os diferentes de forma diferente (mas adequada), para se obter resultados semelhantes.

No mercado de trabalho atual encontramos pessoas de várias gerações. Se quer liderar sua equipe (e, enquanto gestor, você precisa fazer isso), conhecer quem são as pessoas que trabalham com você é fundamental. Isso implica saber qual o comportamento delas, seus estilos, preferências, interesses, ou seja, quanto mais informações você tiver sobre essas pessoas, melhor será sua abordagem em relação a elas.

O detalhe é que você não pode fazer isso em lotes. É preciso individualizar a experiência, pois num mesmo ambiente você certamente vai encontrar pessoas muito diferentes, não só em termos de comportamento e caráter, mas em relação à visão de mundo e futuro, aos interesses e modos de trabalhar. A questão é: será que um mesmo comportamento – uma decisão – será suficiente para satisfazer pessoas que nasceram em diferentes épocas, às vezes com diferenças de mais de dez ou quinze anos?

Segundo alguns estudiosos (entre psicólogos e sociólogos, principalmente), a cada dez anos novas classes genealógicas de pessoas têm aparecido – isso tem se acentuado muito rapidamente nas últimas décadas; e essa distância geracional tende a diminuir. Significa dizer que diferentes gerações têm diferentes interesses pelo mundo. Isso pode não parecer muito complicado, mas, quando juntar essas gerações em um mesmo ambiente, criar as condições ideais para que cada pessoa dê o melhor de si (sentindo-se satisfeita e produzindo grandes resultados) passa a ser um desafio enorme – e, no entanto, fundamental para o sucesso de uma liderança eficaz.

Esse é um assunto complexo, e importante, por isso recomendo a você se aprofundar um pouco mais sobre isso. Mas, para iniciar a grande revolução que espero que você venha a fazer no seu negócio e para embasar o que estou recomendando em relação ao tema liderança, elenco aqui as principais características das diferentes gerações com que convivemos.

1. Baby Boomers ou geração IBM

São pessoas nascidas após a Segunda Guerra Mundial. Foram criadas para estudar e conseguir emprego em grandes empresas (como a IBM). São pessoas que respeitam e exigem respeito à hierarquia. Também são vistos como *workaholics*, pois a quantidade de horas trabalhadas para eles tem muita importância.

2. Geração X

Nascidos a partir da segunda metade da década de 1960 até o início da década de 1980, essas pessoas começaram a pensar mais na carreira do que na empresa em que trabalhariam, ou seja, se adaptam de modo geral a qualquer empresa "X".

Os nascidos nesse período estão acostumados a resolver tudo sozinhos, pois desde pequenos, às vezes com apenas 10 anos de idade, ficavam em casa sozinhos e já cuidavam dos irmãos mais novos quando os pais iam trabalhar. Eles desenvolveram bastante o senso de autonomia e independência e tendem, por isso, a trabalhar e a resolver tudo independentemente dos colegas.

3. Geração Y

Nascidas a partir do início da década de 1980 até meados da década de 1990, as pessoas dessa geração cresceram com a agenda lotadíssima, pois os pais as deixavam o dia todo na escola.

Têm alta capacidade intelectual – foram muito estimuladas a isso –, porém tendem a ter menor nível de maturidade emocional. Não toleram muito bem a frustração, por exemplo. Quando repreendidas, era comum seus pais irem à escola reclamar com os professores – para defender seus filhos. O problema, em alguns casos, é que esse comportamento ainda persiste, mesmo nos empregos atuais, quando os pais ainda continuam ligando para tomar satisfação quando o chefe queixa-se deles.

Não é uma geração que valoriza a experiência. De modo geral, tendem a achar que já sabem de tudo. Da mesma forma que tratavam os brinquedos como descartáveis, tendo em vista que ganhavam vários durante o ano – enquanto o pessoal da geração X ganhava um ou dois, e o brinquedo ainda precisava durar por todo o ano –, tendem a tratar os empregos também como descartáveis, ou seja, após pouco tempo, se não são promovidos ou se acontece algo com o qual não concordam, saem do emprego. Têm alta capacidade de networking e são extremamente bem preparados.

Cresceram em uma época de grandes avanços tecnológicos, facilidade material e em ambiente altamente urbanizado.

É considerada a primeira geração verdadeiramente globalizada. Enquanto a geração X conheceu a tecnologia apenas após a adolescência ou a fase adulta, a geração Y cresceu com a tecnologia e usa-a desde a primeira infância.

4. Geração Z

Nascidos a partir de meados da década de 1990 são considerados *nativos digitais*, ou seja, são intimamente ligados à expansão exponencial da internet e dos aparelhos tecnológicos. Estão sempre conectados e não imaginam um mundo sem computador. Para eles, as fronteiras geográficas não têm importância.

É claro que não podemos rotular estritamente uma pessoa apenas com base nessas descrições. Esses são aspectos gerais, indicam muitas tendências e intenções, mas obviamente não devem ser as únicas fontes de informação sobre alguém ou sobre uma geração inteira. No entanto, pode acreditar, esses dados dão uma grande ideia (e muitas pistas) sobre como agem e vivem pessoas nascidas nesses períodos – conhecer suas rotinas ajuda muito na hora de pensar processos e estratégias. Não sei se você concorda, mas tenho para mim que um líder, em muitos momentos, precisa agir como um psicólogo, tentando entender o que as pessoas da equipe estão realmente falando e fazendo. É esse conhecimento que irá permitir a você dirigir a elas um tratamento mais adequado à sua realidade, propiciando uma melhor interação com a equipe e, consequentemente, obtendo melhor engajamento, maior desenvolvimento e melhores resultados.

Independentemente da geração a que seu liderado pertence, torna-se importante saber qual o nível de desenvolvimento dele perante o cargo ou função que exercerá. Uma classificação que sempre busco atribuir aos membros da equipe se espelha de forma analógica com as fases da carreira de um médico (uso isso tendo como base a metodologia de Hersey e Blanchard).

- **Calouro:** no início da faculdade, perante um paciente, ele não saberá fazer nada. A condução deve ser toda feita pelo professor. Ele apenas deve observar, pois qualquer ação junto ao paciente pode ser desastrosa. Trata-se daquele colaborador recém-chegado, que ainda não sabe nada sobre sua função.
- **Interno:** já no internato, nos dois últimos anos da faculdade – que são inteiramente dedicados à parte prática –, o estudante já quer começar a resolver as coisas sozinho, achando que já tem condições para isso. No entanto, o professor deve estar continuamente ao seu lado para evitar problemas maiores. Trata-se daquele colaborador que, independentemente do tempo em que está na empresa, não consegue fazer nada sozinho e tem de ser continuamente supervisionado para não causar problemas.
- **Residente:** após formado, o médico entra na residência em busca da especialização. Nesse caso, ele já faz muita coisa sozinho, com bons resultados, mas o seu preceptor deve estar sempre de olho, pois, quando houver algum problema, o residente gritará por ajuda imediatamente. Esse é o colaborador que já apresenta um bom nível de maturidade e que consegue

resolver muita coisa por conta própria. No entanto, em algumas situações, ainda precisa de orientação ou de ajuda.
- **Especialista:** já formado e especializado, esse profissional resolve praticamente tudo que sua formação permite. Basta encaminhar os pacientes, ou seja, basta delegar. Nesse caso, é o colaborador que já resolve praticamente tudo sozinho. Para esse tipo, em geral, basta delegar o que fazer.

Ao usar essa analogia para as equipes, caberá ao líder classificar os membros do seu time e tentar desenvolvê-los ao máximo para chegarem a residentes e a especialistas. O sentido de se adotar esse método, para além dos benefícios individuais dos membros da equipe, é que você, enquanto líder e gestor, poderá fazer as coisas que só você nessa condição poderá fazer – mas com maior tempo, liberdade e confiança na equipe que tem.

Quer poder desligar o celular toda noite, antes de dormir? Tenha o máximo de residentes e de especialistas na sua equipe.

Declínio: os riscos da vaidade

Mas nem tudo são flores. Infelizmente, apenas adotar os procedimentos corretos não elimina as possibilidades de erros e tentações, e, acredite, elas são muitas. Enquanto líder, gestor e empreendedor, você precisa estar atento aos riscos do processo, em particular aqueles que advêm do ego, da vaidade e da autossuficiência. Digo isso porque vi de perto o declínio de ótimos líderes e gestores, que sucumbiram por conta de sua acomodação e por acreditarem que podiam resolver as coisas de uma hora para outra, com um simples toque mágico de "quem entende muito das coisas".

Vou listar aqui algumas situações que podem levar um líder e sua empresa ao declínio. São coisas do dia a dia, aparentemente banais, mas que carregam o germe que poderá aniquilar sua capacidade de liderar.

- **Arrogância, que leva à acomodação:** duas características de um líder de sucesso são humildade e disposição para trabalhar duro. O consultor Jim Collins, no livro *Empresas feitas para vencer* (2013), conta através de artigos e entrevistas com diversos profissionais, que **os melhores líderes são pessoas humildes e com muita vontade de trabalhar**, ou seja, justamente o oposto à arrogância e à acomodação. Se você acha que é capaz de fazer tudo sozinho e que, justamente por isso, não precisa mais se capacitar e nem tem nada mais a aprender com ninguém, é hora de começar a rever os seus conceitos de equipe e de liderança – antes que sua empresa acabe e você não tenha mais ninguém com quem compartilhar os seus *feitos*.
- **Fragmentação da empresa, que leva à perda de força:** permitir a existência de "caixinhas" ou de "panelinhas" é algo extremamente maléfico para qualquer empresa, pois leva a uma competição predatória no seu interior entre pessoas que deveriam estar alinhadas com os mesmos objetivos. **Achar que, pelo fato de já ter feito sua parte, o problema agora é só dos outros é uma situação de perigo para qualquer empresa – inclusive para você mesmo**.
- **Não admitir os problemas:** o primeiro passo para a resolução de um problema é admitir sua existência. Negá-lo vai fazer com que o desconforto se perpetue e cresça até proporções desastrosas. Na medicina, a febre é manifestação de uma causa. Tratar só a febre, em geral, não é suficiente. Deve-se buscar e tratar a doença que a está causando. Da mesma forma, o líder deve agir perante os problemas, tentar encontrá-los, decodificá-los e resolvê-los. Deve, ainda, procurar identificar qual ou quais são as causas do sintoma. Há casos em que a situação se

complica ainda mais, quando, por exemplo, o líder, sensível ao ambiente negativo, começa a perceber ou a identificar que o problema é quem está à frente do time, isto é, ele mesmo. Bem, se o gestor perceber já é um bom sinal – afinal, ele não está cego nem paralisado. Mas é preciso se mexer e buscar soluções rápidas. O líder, por sua natureza funcional, gera muitas expectativas por conta das experiências memoráveis que propicia para clientes e colaboradores. Quando um líder detecta um problema, todos esperam que ele assuma e resolva aquela dificuldade – de preferência da melhor maneira e o mais rapidamente possível.

- **Não respeitar e nem seguir os valores:** como discutido no capítulo 2, desrespeitar um valor lacera a "alma" da empresa, causando danos irreparáveis. Aquela velha frase "Faça o que eu digo, mas não faça o que eu faço" nunca foi tão anacrônica quanto nos dias de hoje. Você não pode inspirar ninguém se quebra as próprias regras que criou para o seu negócio. Você, líder, é o número um no ranking daqueles que devem seguir a ordem das coisas – no sentido de que deverá ser sempre o primeiro a dar o exemplo de respeitar aquilo que se acorda.

- **Não aceitar as mudanças:** como falamos no início do livro, quem sobrevive não é o mais forte, mas o que melhor se adapta às mudanças. Isso é algo inevitável e cada vez mais frequente no mundo dos negócios. Portanto, meu caro líder, esteja sempre aberto a mudanças. Não tenha dúvidas de que elas virão. Isso é tão inevitável quanto o dia de amanhã.

- **Não se atualizar:** as informações novas aparecem numa velocidade assustadora. Provavelmente, o que você fazia cinco anos atrás não serve mais hoje. Não dá mais para se acomodar e não estudar, não se atualizar, não se inteirar do que acontece no mundo. E a razão é mais simples do que você imagina: será que o seu celular, digamos, de três ou quatro anos atrás daria conta hoje da brutal carga de aplicativos e alternativas de comunicação já integradas nos novos dispositivos? Certamente não. É claro que podemos discutir e concordar que há certo exagero na indústria, que, muitas vezes, força o consumidor a adquirir produtos dos quais não precisa imediatamente. Mas o ponto não é esse. A questão é que o mundo gira, se reinventando a cada instante. Para você ter ideia, considere que de 1750 a 1900, tudo o que se sabia sobre tudo dobrou de tamanho. Isso levou 150 anos. De 1900 a 1950, numa segunda onda, chamada industrial, o conhecimento dobrou em apenas cinquenta anos. A partir daí, já na terceira onda, a do conhecimento, tudo o que se sabia sobre tudo dobrou em média a cada dez anos – nas duas últimas décadas, há quem estime um período médio de três anos para que o conhecimento produzido e documentado dobrasse de tamanho. Segundo algumas pesquisas mais recentes, prevê-se que, a partir de 2020, tudo o que se sabe sobre tudo deve dobrar, em média, a cada 73 dias. Como se preparar para esses novos tempos? Informação é importante, mas conhecimento é fundamental, inclusive para discernir o que é importante nisso tudo – tendo em vista que isso precisa ser feito com velocidade, ou você correrá o risco de ficar para trás. **Na verdade, o gestor e líder de hoje tem de correr numa velocidade muito rápida para conseguir ficar no mesmo local.**

- **Não saber ouvir pontos de vista diferentes:** não é a tarefa do líder ter sempre as melhores ideias. **A melhor ideia tem de prevalecer, independentemente de quem a tenha tido.** Perante opiniões diferentes, é fundamental saber respeitar e dialogar, não necessariamente concordar. É necessário ter muito cuidado quando se ouve o outro, tendo certeza de que se está certo e que o outro está errado. No discurso, é muito comum as pessoas dizerem que é bom conhecer ideias novas, mas na prática resistem. Dizemos que gostamos das ideias dos outros, mas na verdade gostamos das nossas ideias expressas pelos outros. Nesses casos, é a vaidade que ocupa o espaço do conhecimento e da humildade.

Gestão biológica

Algo que defendo muito e que foi muito fortalecido em mim pelo mestre Oscar Motomura, da Amana-Key, é a chamada Gestão Biológica. Acredito fortemente que é papel de qualquer líder tentar migrar da Gestão Mecânica, de comando e controle, totalmente hierarquizada, para a Gestão Biológica, orgânica, muito mais humanizada e intuitiva.

Aqui insisto na necessidade de o líder saber ouvir a opinião dos outros e levá-las seriamente em consideração, olhar os membros de sua equipe sob um novo ângulo e respeitá-los, avaliando, dessa forma, se devem ser seguidos ou não, independentemente de quem sejam.

Para olhar as coisas de um novo ângulo, ou seja, sob o ponto de vista de outra pessoa, é preciso aprender a se colocar no lugar dela. Isso pode ser feito através de um diálogo verdadeiro, com perguntas inteligentes e crédito de confiança às respostas recebidas. Se não há confiança mútua, não há como entender outros pontos de vista. O problema é que, em geral, achamos que o nosso ponto de vista, se não for o único, é o melhor.

Outro fator importante nesse modelo de gestão e liderança é a comunicação. Devemos usar palavras mais humanas na comunicação com os nossos colaboradores. Isso faz com que eles se sintam mais prestigiados, mais importantes para a empresa. Saber seus nomes e ter genuíno interesse pela pessoa do colaborador – no sentido de querer bem a ela –, ajudando-a a realizar seus sonhos (na empresa, inclusive), aproxima, e muito, o líder do colaborador. Há quem diga que isso é interesse disfarçado. Ora, convenhamos, em uma empresa as relações são de fato mediadas por interesse. Se nesse interesse couber ações de desenvolvimento e oportunidades de crescimento,

> *Dê espaço para as pessoas serem mais criativas. Você, enquanto líder, deve saber que boas ideias não geram resultados; a execução de boas ideias, sim.*

qual é o problema? O duro é quando esse interesse é mesquinho, atende apenas a um lado das partes. Bem, na verdade, isso não é exatamente interesse, mas exploração.

Dê espaço para as pessoas serem mais criativas. Você, enquanto líder, deve saber que boas ideias não geram resultados; a execução de boas ideias, sim.

Para trabalhar comigo

Aprendi com um amigo, Roberto Meira, algo que passei a carregar e que considero como as três condições fundamentais para uma pessoa trabalhar comigo:

- **Andar ao meu lado:** tem que ser alguém que caminhe com as próprias pernas, que sugira melhorias, que traga algo novo, que tenha proatividade. Não tenho condições e nem quero carregar ninguém nos braços.
- **Quando eu pedir algo para hoje, que entregue ontem:** o mundo gira numa velocidade muito rápida. A agilidade deve estar presente no dia a dia das organizações. Uma solução que serve hoje pode não servir, e provavelmente não servirá, amanhã. A burocracia e a lentidão são mazelas que acometem muitas empresas que fracassam.
- **Quando trouxer um problema, traga uma sugestão de solução** – caso contrário, a pessoa passará a fazer parte do problema. É muito cômodo passar o problema para quem está mais próximo, mas isso não resolve e não desenvolve a pessoa que o

trouxe. Buscar solução para os problemas faz pensar, traz desenvolvimento.

O poder da decisão

Uma das funções de um bom líder é decidir em situações difíceis. No dia a dia, é recomendável discutir as decisões com a equipe, ouvindo as opiniões de todos e optando pela melhor sugestão. No entanto, em situações difíceis, extremas ou fora da curva, a própria equipe espera que o líder mostre o caminho a ser seguido.

Na verdade, uma das habilidades de um grande líder é levar as pessoas para um novo lugar, um outro patamar, e fazer com que elas comprem a sua ideia.

O líder não pode ficar paralisado, por medo de errar. Quanto mais ele decidir, mais experiência vai adquirindo e criando para acertar.

Na verdade, *a falta de experiência leva a decisões erradas, que levam à aquisição de mais experiência, e que por sua vez leva a decisões corretas.*

Decida com base na sua experiência, no seu conhecimento, na sua intuição, tudo isso ligado à visão do todo, de onde você e a empresa querem chegar, sempre olhando para a resposta à pergunta **"Qual o meu objetivo?"**. E saiba que, provavelmente, após você decidir, chegará alguém dizendo que tinha uma solução melhor. Morreu. O *timing* é outro. Comentar futebol na segunda-feira é muito fácil.

Outro ponto importante é saber quando se está errado após uma decisão tomada, assumir o problema e partir para a correção. Isso é um misto de **humildade** com **proatividade**. Muitas vezes o líder perde tempo avaliando se é ou não apropriado se expor assim, assumindo seus erros. Pois assumir erros (e rapidamente corrigi-los) é função primordial do líder.

Hal Gregersen, no artigo "O estouro da bolha do CEO", da *Harvard Business Review*, edição de março de 2017, cita que, para

Walt Bettinger, CEO da Charles Schwab, "a diferença entre executivos bem-sucedidos e executivos ineficientes não é a qualidade de suas tomadas de decisão". Ele acrescenta:

> Cada um provavelmente toma as decisões certas 60%, e as más, 40% do tempo – e pode até chegar a 55% e 45%. A diferença é que o executivo bem-sucedido reconhece as más decisões rapidamente e faz ajustes; já os executivos malsucedidos geralmente se enterram e tentam convencer as pessoas de que estão certos.

Às vezes nem eles próprios acreditam nisso, mas, como disse, a vaidade e a arrogância corroem a integridade.

Ou seja, enquanto os líderes de sucesso não têm medo de aceitar que estão errados e partem logo para as ações corretivas, os gestores fracassados se agarram a suas decisões erradas, querendo provar que estão certos e, como regra, caminham a passos largos para o fracasso pessoal junto ao da empresa.

Imagine a vida dentro das organizações como um avião que vai partir para uma grande viagem. Se você mudar um grau na rota do avião, logo na saída, vai haver uma grande diferença do lugar em que ele vai chegar, ou seja, pequenas decisões hoje podem trazer grandes diferenças no futuro. Enquanto líder, você precisa olhar o amanhã dessa forma.

Capítulo 8

FEEDBACK, DESENVOLVIMENTO E MEDOS

*Liderança não é sobre títulos, cargos ou hierarquias.
Trata-se de uma vida que influencia outra.*

JOHN C. MAXWELL

Vamos aqui falar de feedback, ferramenta essencial para o desenvolvimento de pessoas. Porém, quero antes propor um novo olhar para essa ferramenta, sugerindo que você a veja não apenas como uma forma de lidar e aprimorar pessoas, mas antes que perceba que o feedback é um dos esteios, talvez o principal deles, de um modelo de gestão baseado na transparência, na comunicação integral e no compartilhamento de conhecimentos, com vistas a alcançar grandes resultados.

No entanto, conheço poucas ferramentas que são tão mal interpretadas ou com significados tão distorcidos como o feedback. Em muitos casos, o uso da ferramenta nessas condições é absolutamente equivocado. Além de ser ineficiente, pelo fato de o liderado não entender o que o líder quer realmente, e por não haver um plano de ação para corrigir a situação indesejada e para o desenvolvimento do colaborador, esse instrumento virou sinônimo de repreensão, bronca e até de constrangimento. Quem nunca ouviu, em tom ríspido e duro, frases como esta: "Vá à minha sala que eu quero lhe dar um feedback"?

Quando você pensa em feedback como um componente comportamental, ou seja, como algo presente e integrado em todas as suas ações e, principalmente, na relação com seus colaboradores, você e sua equipe passam a fazer parte de um ambiente muito mais dinâmico e voltado integralmente para a busca de resultados, satisfação, conquistas e aprendizado permanente. Ou seja, um lugar onde a troca de experiências não é apenas pontual, mas rotineira e, portanto, muito mais profunda, rica e envolvente – e sempre no sentido de atingir as metas e resultados propostos pela empresa.

Nesse sentido, ganha enorme dimensão a definição de liderança como "a obtenção de resultados através do desenvolvimento *permanente* das pessoas" – líder e liderados incluídos. Ou seja, **a principal função do líder é se desenvolver para que possa cada vez mais, e da melhor forma possível, desenvolver as pessoas lideradas por ele.**

Mas como isso pode ser feito?

Bem, de várias maneiras. Num ambiente construído para a aprendizagem, na perspectiva de crescimento das pessoas e da empresa, o desenvolvimento é procedimento-chave para a conquista de mercados e obtenção de resultados. É uma espécie de oxigênio corporativo. Não há como crescer sem desenvolvimento, pois desenvolver-se significa aprimorar-se ao longo do tempo. O que quer dizer que, em cada momento do processo, todos devem estar aprendendo e aprimorando suas habilidades e competências, seja através do envolvimento com cada etapa e detalhe de um projeto, seja discutindo alternativas, avaliando resultados ou construindo novas estratégias de melhorar o que vem sendo feito.

Uma ótima oportunidade para o desenvolvimento de pessoas, além de ser material riquíssimo de aprendizagem, acontece quando nos deparamos com problemas no dia a dia. Em última análise, todos os desafios e metas constituem-se numa espécie de problema. É preciso encontrar uma solução para superar um impasse e atingir um novo patamar – de conquistas e desenvolvimento. É o tipo de situação em que todos pensam, discutem e buscam alternativas para alcançar os resultados propostos ou previstos.

Mas isso nem sempre acontece. De modo geral, e num ambiente convencional, quando as pessoas se deparam com problemas, não pensam mais que duas vezes antes de levá-los ao líder para solucioná-los. É o que quase sempre acontece. Os problemas são levados ao chefe ou ao supervisor, e sempre se espera deles uma resposta conveniente e convencional para a resolução. E eles não costumam falhar. Definem a solução, dizem como cada um deve agir e o assunto está encerrado. O grande inconveniente desse tipo de atitude é que ela reforça as relações do tipo paternalistas no trabalho, infantiliza e não desenvolve o colaborador, além de trazer duas consequências nocivas para todos: 1) acomodação, ou seja, o colaborador sempre levará problemas dessa ordem para o chefe e nada fará enquanto não ouvir dele a dita resolução; e 2) o líder terá de investir muito do seu tempo no operacional, para atender e resolver essas questões cotidianas – deixando de pensar num âmbito macro da empresa, no plano estratégico.

Como sair desse círculo?

O que aprendi com o coaching, em especial com a formação que fiz no ICI (Integrated Coaching Institute), e que procuro repetir no dia a dia é, perante um problema, buscar tirar o máximo possível de informações e de sugestões de resolução da própria pessoa que o trouxe. (Faço questão de mencionar aqui o trabalho desenvolvido pelo ICI, pois muito do que falarei neste capítulo aprendi lá, tanto na formação em coaching, como no curso de Liderança de Alta Performance.)

A primeira coisa a fazer, nesse caso, é eliminar qualquer ruído ou entrave na comunicação com o colaborador. É preciso se entender muito bem o que se está comunicando, principalmente perceber o que está sendo expresso nas entrelinhas da conversa.

É muito comum nessas situações o uso de palavras dúbias ou daquelas cujo sentido permite mais de uma interpretação. Isso acontece muito com adjetivos, rótulos e os chamados "verbos ou jargões corporativos" (termos adaptados em verbos ou em neologismos), além dos exaustivamente usados "verbos imobilizadores", vazios de sentido – aqueles conhecidos na gramática como "verbos de ligação", que por sua natureza gramatical são "estáticos", isto é, não expressam ações ou movimentos. Nessas situações de comunicação entre líder e colaboradores, é comum o emprego dos verbos "ser" e "estar". Por exemplo: "fulano **é** muito estressado"; "fulano **está** muito alterado"; "precisamos **oportunizar** mais ações", e assim por diante.

O que será que fulano faz para que a pessoa o chame de *estressado* ou de *muito alterado*? O que uma pessoa faz que você classificaria como *oportunizar*?

Essas situações curiosas, muitas vezes dúbias, mascaram problemas reais, escondem intenções, não revelam o que exatamente está acontecendo entre as pessoas. E, quase sempre, a ideia é *comprada* sem uma noção clara do que ela representa.

Em situações desse tipo (e elas são muitas), a primeira dica é esclarecer palavras dúbias, com perguntas usando o verbo "fazer" para se obter um significado preciso: **O que a pessoa faz que você chama de X?**

A linguagem é uma ferramenta incrível e deve ser usada como um instrumento a nosso favor. Por isso é importante compreendê-la e saber usar e entender suas funções. **Também é importante diferenciar problemas operacionais e problemas comportamentais.** Os primeiros (operacionais) muitas vezes referem-se a situações específicas, associadas ao ambiente ou a algum ordenamento processual, ou seja, em geral se referem a questões técnicas. Já os problemas comportamentais referem-se a características das pessoas que, por alguma razão, aparentam estar em desacordo com as expectativas daquele que reclama e relata tais problemas – quem se sente incomodado com eles. É preciso separar o que é problema pessoal, intrínseco à pessoa, daquilo que se *pensa* da pessoa. Uma coisa é a nossa opinião – e isso é bem relativo –; outra coisa são os fatos, as situações objetivas. São instâncias diferentes, mas facilmente confundidas.

Um líder deve estar atento a essas nuances da comunicação e tentar ajudar seu interlocutor a compreender, com o máximo de precisão possível, o que está relatando. E só depois da coleta de todas as informações necessárias sobre o problema será possível buscar uma solução adequada à questão.

Se o líder sugerir de imediato a solução, ele estará alimentando o comodismo do seu funcionário, além de não saber com certeza se o liderado irá seguir exatamente o que foi dito. Esse comportamento não estimula o pensamento e, obviamente, não contribui em nada para o desenvolvimento da pessoa – sem contar que, nessas condições, a solução eventualmente proposta fica bastante prejudicada sem o compromisso do colaborador. Afinal, se o trabalho der errado, a culpa (e a responsabilidade) sempre será do chefe.

> *Se o líder sugerir de imediato a solução, ele estará alimentando o comodismo do seu funcionário*

Minha conduta nessas situações, e sugiro o mesmo para você, é estimular a elaboração, por parte do liderado, de um plano de ação em cima de algo que ele saiba fazer. Ou seja, compartilho a busca pela solução. Tanto ele como eu somos responsáveis por aquilo que fazemos. Essa é uma conversa de adultos – não há paternalismo nessa relação. Ambos queremos o melhor, e queremos pessoalmente nos empenhar para que o melhor aconteça.

Problemas operacionais

Para problemas operacionais, normalmente pergunto ao colaborador: "Você já passou por situação semelhante ou parecida no passado, na qual o problema foi resolvido?". Se a resposta for sim, peço para ele me contar o fato e como o problema foi solucionado.

Veja, o simples fato de pedir para ele narrar como as coisas foram feitas e solucionadas já irá mudar o comportamento dele. No meu caso, à medida que ele vai me contando, costumo anotar passo a passo, ou seja, vou esboçando um plano de ação.

Após a narrativa, duas outras perguntas fundamentais: "Você acha que esse passo a passo realizado no passado servirá para resolver a situação atual? O que mais você sugere que seja feito agora?".

Bem, agora ele está no comando. Dessa forma, o funcionário terá sugerido um plano de ação, e a chance de ele conseguir segui-lo será bem maior, pois tanto deu a sugestão de ação como já a realizou – o nível de empenho e compromisso, acredite, é enorme nessas situações.

É claro que sempre haverá diferenças entre a situação vivida no passado e a situação do presente. Se você, enquanto líder, perceber incongruências, ou achar o plano incompleto ou falho, é seu papel discutir e sugerir alterações ou complementos. Afinal, vocês estão juntos buscando alternativas para um problema.

Mas lembre-se da pergunta sugerida, no capítulo 4, sobre inteligência emocional, perante qualquer problema: "Qual é o seu objetivo maior?". Qualquer solução dada deverá estar alinhada a esse objetivo.

Ao fazer isso, você estimula o desenvolvimento do seu liderado. Provavelmente, perante uma situação parecida, ele tenderá a resolver novos problemas por conta própria, sobretudo se puder reproduzir os caminhos que você, líder e gestor, compartilhou com ele quando buscava soluções. Além disso, com essa atitude se tornando rotineira, é natural que ele passe a tentar trazer soluções para os problemas que aparecerem em outras áreas ou com outras pessoas. Com o tempo, o colaborador passa a se acostumar com essa metodologia.

Essas são as "perguntas poderosas" que devem acompanhar o dia a dia de todo gestor. Elas são fundamentais para o desenvolvimento dos liderados, por fazê-los pensar, raciocinar, entender o que está acontecendo de fato e buscar soluções para os problemas.

A função do líder é muito mais fazer boas perguntas do que dar boas respostas.

> *A função do líder é muito mais fazer boas perguntas do que dar boas respostas.*

É o primeiro passo para se conseguir a *autonomia* das pessoas em uma equipe. A autonomia é algo a ser buscado, pois permite agilidade perante problemas ou situações difíceis, que são resolvidas sem a necessidade de participação, ou mesmo dependência, do líder.

Mas, tão importante quanto traçar um bom plano de ação, é se preparar para os obstáculos que podem aparecer. A grande maioria dos planos de ação falha não por terem sido malfeitos ou por estarem incompletos, mas, sim, devido aos obstáculos que aparecem – e que muitas vezes não foram sequer aventados. Na maioria das vezes, a pessoa não está preparada para lidar com os obstáculos e termina sendo pega de surpresa, sem saber o que fazer.

Para evitar situações desse tipo, sempre após concluir um plano de ação, pergunte: **Quais obstáculos podem acontecer? O que pode atrapalhar seu plano de ação?**

E para cada resposta, novas perguntas: **E o que você vai fazer caso isso aconteça, para que não haja interferência no resultado a ser alcançado?**

Para cada obstáculo citado, rotas alternativas são definidas como se fossem miniplanos de ação. Caso apareçam, a pessoa não será surpreendida, nem ficará sem saber o que fazer ou perderá tempo para descobrir como agir.

Problemas comportamentais

Para problemas comportamentais, a melhor ferramenta é o feedback.

> *Problemas comportamentais são a principal causa de fracassos de equipes e de profissionais.*

Este é um ponto crítico no desenvolvimento de pessoas e equipes. Problemas comportamentais são a principal causa de fracassos de equipes e de profissionais. Curioso é o fato de praticamente todos concordarem com isso, assim como concordarem com a necessidade de sempre dar feedback. No entanto, poucas pessoas sabem como fazê-lo.

Antes de mostrar como faço, preciso dizer *o que não é* feedback. Como falamos no início, o feedback é também uma ferramenta de integração e interação. E isso exclui, entre outros:

- Broncas.
- Conversa coletiva.
- Avaliação de desempenho.
- Conversa sem plano de ação.
- Terapia.

Além disso, uma conversa de feedback não deve ser:

- Muito longa.
- Vaga ou a respeito de vários assuntos ao mesmo tempo.
- Para situações simples, do dia a dia – o feedback deve ser dado para problemas pontuais, fora da curva.
- Feita em um período de tempo muito distante do fato ocorrido.

Mais uma vez, cito o ICI, pois, de todas as formas de dar feedback que vi até hoje, a que mais gostei e que uso no meu dia a dia aprendi lá, no curso de liderança citado anteriormente.

E aqui lembro como muito importante que o feedback deve ser dado tanto para comportamentos negativos, como para comportamentos positivos.

Para feedbacks negativos, uso os seguintes passos:

1. **Reconhecimento inicial:** não necessariamente precisa ser feito, principalmente quando se está abordando pessoas mais objetivas, francas e menos emocionais. Porém, para pessoas mais sensíveis, ajuda bastante. Começo citando pontos positivos do comportamento e das atitudes dessas pessoas, como, por exemplo, "Você tem mostrado excelentes resultados" ou "Você é muito dedicado à empresa".

2. **Momento e ação específica:** é importante deixar claro para o colaborador o momento exato e a ação específica em que aconteceu o comportamento que causou o descontentamento. Por exemplo: "Ontem à tarde, no fim da reunião com a equipe...". Dessa forma, não haverá dúvidas do assunto que está sendo tratado. Nesse momento, o liderado quase sempre quer contar sua versão. Deixe-o falar nesse momento, antes do resultado/ impacto a ser mostrado na fase seguinte. Por melhor que seja a justificativa, logo em seguida o líder mostrará o impacto decorrente.

3. **Impacto ou resultado causado:** é essencial que o liderado saiba que, independentemente da sua intenção, aquele comportamento causou um impacto ou resultado negativo para outras pessoas, para o líder ou até para a empresa. "Liderado, independentemente da sua intenção, o seu comportamento levou a essa situação desagradável". Sempre que ele argumentar, intensifique a demonstração do resultado ou o impacto causado.

4. **Consequências para ele:** até esse momento, o líder falou mais que o liderado. Nessa fase, acontecerá o contrário. O líder perguntará: "Que consequências *para você* poderão existir se

você continuar agindo dessa maneira, levando a esse resultado ou impacto?". Essa pergunta é importante para ele se dar conta de que poderá haver prejuízos. Normalmente nessa hora "a ficha cai" e ele percebe que sua atitude ou comportamento foi também prejudicial para ele.

5. **Ações corretivas:** tendo em vista o que aconteceu e o resultado, ou o impacto gerados, o que o liderado fará para:

    a) corrigir o que já está feito?

    b) evitar que isso aconteça novamente?

    Nessa fase, é preciso que o liderado cite um plano de ação racional, objetivo e factível. Caso o plano seja vago ou dúbio, você, líder e gestor, deve pedir para que ele esclareça com mais detalhes o que fará.

6. **Reconhecimento final:** diferentemente do primeiro ponto, esse é mais intangível (melhora da imagem, reputação, credibilidade etc.) e sempre deve ser feito. O líder pontuará o ganho para o liderado caso ele aja como planejou, sendo esse, na verdade, o principal objetivo do feedback. É o que motiva a pessoa a mudar de comportamento. Por exemplo: "Se você agir dessa forma, fazendo como planejou, tenho certeza que sua imagem aqui na empresa melhorará bastante perante todas as pessoas".

Para feedbacks positivos, uso os seguintes passos, os quais considero bem mais fáceis e rápidos:

1. **Momento e ação específica:** é importante deixar claro para o colaborador o momento exato e a ação específica em que aconteceu o comportamento elogiado.

2. **Impacto ou resultado causado:** é importante ele saber que aquele comportamento causou um impacto ou resultado

positivo no líder, na equipe, na empresa – e deixe claro que impacto foi esse.

Mas é importante lembrar: elogie a atitude ou o comportamento – não a pessoa (essa é uma avaliação subjetiva, guarde-a para si). Quando se elogia a atitude, a pessoa tende a querer repeti-la; quando se elogia a pessoa, ela tende a se acomodar.

> *Mas é importante lembrar: elogie a atitude ou o comportamento – não a pessoa (essa é uma avaliação subjetiva, guarde-a para si). Quando se elogia a atitude, a pessoa tende a querer repeti-la; quando se elogia a pessoa, ela tende a se acomodar.*

Em resumo, um bom feedback:

- É uma conversa na qual o liderado aprende e tem a possibilidade de corrigir algo inadequado que fez e não quer mais repeti-lo.
- Deve sempre ser usado para mostrar um comportamento inadequado do liderado.
- É uma excelente ferramenta de desenvolvimento de pessoas.
- É curto e objetivo.
- Deve ser dado prontamente, ou assim que possível. A única justificativa para ser adiado um pouco é se o líder estiver de "cabeça quente", pois poderá piorar a situação. O ideal é que não passe de três dias.

Segundo David McClelland, até um terço dos resultados financeiros de uma empresa são influenciados pelo seu clima. Isso mostra a importância de dar bons feedbacks sempre que necessário e o mais prontamente possível.

Um ponto a ser frisado aqui é a *avaliação de desempenho não é feedback*. Na verdade, a avaliação de desempenho não deve ser mais que um resumo do que foi conversado durante o ano. Se houver surpresa durante a avaliação, é sinal de que o líder falhou em dar feedbacks durante o ano.

Acho importante mencionar aqui uma situação na qual dei feedback exatamente como venho descrevendo aqui.

Situação: o coordenador da equipe de vendas, após identificar que a equipe não atingiu as metas do mês, chamou a todos para uma reunião e culpou explicitamente os dois vendedores com o pior resultado no período. A cobrança foi muito dura e grosseira, o coordenador chegou a ameaçá-los de demissão na frente de todos, caso não batessem as metas no mês seguinte. A equipe ficou assustada e revoltada com a atitude do coordenador, e, após se reunirem, pediram para não mais trabalharem na equipe dele. Como o gerente estava de férias, precisei agir na situação.

Meu feedback:

1. **Reconhecimento inicial:** Roberto (nome fictício), você tem atingido bons resultados na empresa desde que chegou aqui e mostra-se muito dedicado a isso.
2. **Momento e ação:** no entanto, ontem à tarde você chamou sua equipe para uma reunião e responsabilizou dois vendedores por não atingirmos as metas. A cobrança foi muito dura e grosseira, você chegou a ameaçá-los de demissão na frente de todos, caso eles não batessem as metas no mês seguinte.
(*Justificativa de Roberto:* Mas vendedor tem de sofrer pressão mesmo! Isso faz parte da vida de quem trabalha com vendas.)
3. **Resultado ou impacto:** mas, independentemente da sua opinião ou de qual tenha sido a sua intenção, a equipe está revoltada e não quer mais trabalhar com você.
4. **Consequências:** que consequências você acha que sofrerá caso continue agindo dessa forma?

(*Resposta de Roberto*: Acho que se a equipe não quiser mais trabalhar comigo, posso perder o emprego.)

5. **Ações corretivas:** e o que você pode fazer para corrigir essa situação e para evitar que ela aconteça novamente?

   (*Compromisso de Roberto*: Bem, em primeiro lugar, vou reunir novamente a equipe, pedir desculpa a todos, em especial aos dois, e tentar explicar qual foi a minha real intenção. Também vou prometer a eles que não agirei mais dessa forma e cumprirei com essa promessa. Daqui para a frente, se for chamar a atenção de alguém, farei de forma mais branda e em particular.)

6. **Reconhecimento final:** tenho plena certeza de que, com o seu potencial, agindo dessa forma, você ganhará o respeito da sua equipe, e isso contribuirá muito para que obtenha excelentes resultados.

Meritocracia

Reconhecer quem está indo bem é tão fundamental quanto agir em quem não está. Essa é a conduta esperada quando o assunto é meritocracia. Um líder deve saber que esse é um dos principais, senão o principal, fatores de motivação. Por isso é importante acompanhar o liderado, reconhecendo suas conquistas inclusive como forma de motivá-lo e estimulá-lo para que continue a agir daquela forma, replicando aquela ação.

> *Reconhecer quem está indo bem é tão fundamental quanto agir em quem não está.*

O contrário disso é um desastre. A ausência de feedbacks positivos e de validação desmotiva as pessoas esforçadas e que buscam alcançar bons resultados.

A falta de ação sobre as pessoas que não estão indo bem é forte fator desmotivador para as pessoas dedicadas, com excelentes resultados. Cuidado para não perder os bons liderados por não agir sobre os de mau desempenho.

Enfrentando medos

Durante minha formação em Personal & Professional Coaching, pela Sociedade Brasileira de Coaching – SBC, com os instrutores e amigos Lilia Barbosa e Creoncedes Sampaio, fui apresentado aos conceitos de Brian Tracy, coach e consultor mundialmente conhecido. Segundo ele, as três emoções essenciais que limitam o sucesso são o medo, a preocupação e a dúvida. Para ele, 98% dos nossos medos não acontecerão. No entanto, é preciso se preparar para enfrentá-los. Normalmente, nos preparamos para nossas ações, mas não dedicamos tempo em trabalhar os nossos medos. Muitas vezes, deixamos de fazer coisas importantes por causa do temor em tomar decisões.

Uma ferramenta que aprendi a usar com o autor best-seller Timothy Ferriss, em um TED Talk [3] (série de conferências que acontecem no mundo todo e que podem ser vistas pela internet) é a seguinte:

1. **Defina quais são seus medos:** quais são as coisas que você teme acontecer caso tome determinada atitude ou siga aquele passo decisivo, como candidatar-se a um novo cargo, acabar um relacionamento, pedir demissão, abrir um novo negócio, mudar de cidade? Ou seja, o que mais assusta você?

2. **Previna seus medos:** quais medidas tomar para evitar ou prevenir os problemas temidos caso você siga seu plano – ou ao menos para diminuir a sua probabilidade de acontecer?

---

[3] Disponível em: www.ted.com/talks/tim_ferriss_why_you_should_define_your_fears_instead_of_your_goals. Acesso em ago. de 2017.

3. **Repare:** se o problema surgir, o que você pode fazer para reparar ou amenizar os danos ou prejuízos?
4. **Benefícios de se fazer:** o que você ganhará se fizer aquilo o que teme fazer?
5. **Custos de não fazer:** o que você perderá se não fizer? Como estará sua vida no futuro, em cinco ou dez anos, por exemplo, caso você não siga aquilo que deseja?

No mesmo vídeo, Ferriss apresenta um mantra que já sigo: *"Easy choices, hard life. Hard choices, easy life"* ("Escolhas fáceis, vida difícil. Escolhas difíceis, vida fácil"). Muito frequentemente, o que mais tememos fazer é exatamente o que precisa ser feito, e os grandes problemas, ou desafios, muito provavelmente não serão resolvidos com atitudes confortáveis.

Isso é o dia a dia de um gestor. Quem entende isso tem mais chances de bons resultados.

Vale a pena aqui mencionar um exemplo que aconteceu comigo há alguns anos.

No início de 2014, eu tinha um bom emprego público, com estabilidade. Era concursado no Hospital das Clínicas, da Universidade Federal do Ceará, como médico otorrinolaringologista. Quando assumi a diretoria comercial da Unimed Fortaleza e passei a me dedicar bem mais à gestão, pedi licença não remunerada por um período de um ano.

Durante esse tempo, entendi que aquele emprego não fazia mais parte do que eu planejava para mim, não era mais uma "peça do quebra-cabeça da minha vida". Após o fim da licença, tentei prorrogá-la por mais dois anos (pode-se pedir licença não remunerada no serviço público por até três anos), mas meu pedido foi indeferido. Então, havia uma importante decisão a tomar: 1) voltar a trabalhar em algo que não me motivava mais e que me privaria de me dedicar inteiramente ao que eu havia decidido que queria; 2) pedir demissão.

Quais foram as minhas ponderações e considerações:

1. **Defina quais são seus medos:** o temor era perder o único emprego que tinha, tendo em vista que meu cargo de diretor comercial teria duração limitada de quatro anos, após os quais poderia ficar sem opções de continuar no mundo da gestão. Como médico, a minha outra fonte de renda era apenas o consultório. Também perderia uma aposentadoria, para a qual já havia contribuído mais de dez anos. Além disso, o emprego público dava outras garantias, como férias, 13º salário, além de incluir uma segurança para situações em que ficasse impossibilitado de trabalhar por motivos como doenças, por exemplo.
2. **Previna seus medos:** todos esses medos poderiam ser prevenidos com uma organização financeira (sempre me preocupei com isso, me considero uma pessoa organizada sob esse ponto de vista). Além disso, a clínica da qual sou sócio e a receita de aluguel de alguns imóveis que possuo poderiam ser a segurança de que precisava.
3. **Repare:** caso precisasse de recursos devido à falta do emprego, poderia vender algum imóvel e aumentar a carga horária de trabalho, inclusive ampliando os horários de consultório.
4. **Benefícios de fazer:** sair do emprego permitiria me dedicar bem mais à gestão da Unimed Fortaleza, naquele momento, o que contribuiria, e contribuiu, para os excelentes resultados então alcançados – e faço questão de dizer aqui que fui apenas uma "peça" entre tantas outras que tiveram participação importante e decisiva na recuperação apresentada pela empresa –; além do meu próprio desenvolvimento como gestor. O fato de não ter mais aquele compromisso me permitiria ter mais horários para estudar e fazer cursos na área de gestão e desenvolvimento profissional e pessoal.

5. **Custo de não fazer:** o resultado na empresa e os cursos e formações que gostaria de fazer poderiam ser prejudicados. Isso me deixaria na dualidade entre a função de médico no Hospital Universitário e a de gestor, e, provavelmente, não conseguiria fazer as duas de maneira bem-feita, ou seja, não conseguiria manter o bom padrão que tinha no emprego e nem desenvolver-me como gestor.

Dessa forma, a decisão foi pedir demissão.

O mesmo aconteceu, pouco tempo depois, quando decidi parar de trabalhar no consultório e parar as cirurgias, e, consequentemente, interromper a carreira de médico para me dedicar exclusivamente à gestão e ao desenvolvimento de pessoas e de empresas. Se a decisão de pedir demissão de um emprego demandou uma atenção muito acentuada, não fica difícil para você, caro leitor, imaginar o peso e a responsabilidade de optar por parar a prática de uma profissão conquistada com tanto sacrifício, dedicação e empenho. Mas era claro para mim, naquele momento, que eu deveria tomar uma decisão para continuar em busca dos meus sonhos.

Será que valeu a pena? Não tenho dúvidas.

Capítulo 9

ÉTICA
— OU O SENTIDO DA INTEGRIDADE

O mundo é um lugar perigoso de se viver, não por causa daqueles que fazem o mal, mas, sim, por causa daqueles que só observam e deixam o mal acontecer.

ALBERT EINSTEIN

Um aspecto determinante para a construção de uma liderança sólida e verdadeira, capaz de gerar resultados consistentes, é a ética. Para muitos, o tema não passa de um conceito abstrato, meramente filosófico, distante da realidade. Para outros, ética é uma faculdade parcial, um jeito de agir que *depende* das circunstâncias, do momento, dos interesses envolvidos.

> As questões éticas, ou melhor, a falta de ética, podem levar pessoas, organizações e, até mesmo, países ao fracasso.

No fundo, tanto para os primeiros como para estes últimos, a importância da ética no trabalho e nas empresas é muito relativa, o que quer dizer que, de fato, não tem tanta importância assim.

Ocorre, porém, que a realidade é bem mais complexa. No mundo de hoje, e isto é fato, empresas quebram não apenas por erros estratégicos ou por problemas de gestão ou liderança. As questões éticas, ou melhor, a falta de ética, podem levar pessoas, organizações e, até mesmo, países ao fracasso. Imaginar que se pode tudo, a qualquer preço, dentro da lógica maquiavelista de que "os fins justificam os meios", é um grave erro – imperdoável em muitos cenários.

Para falar disso, existem alguns conceitos que considero importantes e que certamente irão ajudar a termos um bom entendimento do assunto.

Diferenças entre moral e ética

É comum tratarmos moral e ética como se fossem sinônimos. Mas não são, embora sejam conceitos correlatos. Ética, por exemplo, vem do grego, *"ethos"*, que significa "caráter" ou "modo de ser". Moral deriva do latim, *"mores"*, e quer dizer "costumes" ou "relativo aos costumes". Mas podemos assumir a definição de moral como "o conjunto de normas e regras destinadas a regular as relações humanas em uma sociedade" (Vázquez, 1975). Observe que tanto as normas como as regras tendem a regular determinadas práticas – práticas que se prolongam no tempo.

Segundo a professora e doutora em Filosofia Terezinha Rios, em seu livro *Ética e Competência – questões da nossa época* (2011), cuja leitura recomendo fortemente, "os indivíduos em suas relações criam valores que sustentam essas normas e regras, ou seja, essa moral. É no espaço da moralidade que aprovamos ou reprovamos os comportamentos humanos, classificando-os como corretos ou incorretos".

Já a ética tem como melhor definição, na minha opinião, **a busca pelo *bem comum*, com ações baseadas nos seus três pilares principais: o *respeito*, a *justiça* e a *solidariedade*.**

De acordo com a professora Terezinha Rios, no mesmo livro, temos o seguinte:

- **Respeito** é o princípio nuclear da ética. É reconhecer a presença do outro como igual, em sua humanidade. Para se respeitar alguém, é preciso, antes de mais nada, que se admita que ele existe, que se reconheça sua existência. Tantas vezes passamos pelas pessoas como se elas não existissem, deixamos de ouvir o que elas dizem, vamos adiante com o nosso discurso sem considerar a palavra, as ideias e os sentimentos dos outros.
- **Justiça** é a igualdade na diferença. Somos diferentes em vários aspectos, mas somos iguais em direitos.
- **Solidariedade** é a consideração do outro para além dos deveres.
- **Bem comum** é felicidade. É a concretização da vida, sempre buscando a realização do ser humano, tanto individualmente como no sentido mais amplo da coletividade.

Em resumo, a moral tem um caráter normativo, de normas e regras a serem seguidas. A ética tem um caráter reflexivo, de constante *reflexão* e avaliação das ações e dos comportamentos em busca do bem comum.

> *A moral tem um caráter normativo, de normas e regras a serem seguidas. A ética tem um caráter reflexivo, de constante reflexão e avaliação das ações e dos comportamentos em busca do bem comum.*

Mas como isso ocorre na prática? Vou citar dois exemplos que aconteceram comigo.

O primeiro ocorreu em um dia em que eu estava bastante desanimado com a situação da empresa, na qual havia acabado de assumir o cargo de diretor comercial. Uma colaboradora viu meu semblante de preocupação e desânimo e me perguntou o que estava acontecendo. Eu, então, respondi que estava bastante preocupado com a situação da empresa e que, em alguns momentos, temia não haver solução para os problemas apresentados. Para minha surpresa, ela discordou de mim ao dizer que as coisas na verdade estavam bem melhores. Perguntei por que ela dizia aquilo. Então ouvi: "Só pelo fato do senhor chegar todos os dias e nos dar 'bom dia' e 'boa tarde' já melhorou muito para todos nós".

Era uma percepção relevante, e certamente fazia muita diferença para o dia daquela colaboradora. No entanto, tenho certeza de que você não vai encontrar em nenhum manual corporativo que ao chegar pela manhã na sua empresa você deve desejar um "bom-dia" aos seus funcionários. Fazemos isso, às vezes, mecanicamente, às vezes com sinceridade, o que é algo bem simples e importante para o começo de uma jornada. A forma como fazemos isso revela um pouco do que queremos e desejamos encontrar no nosso interlocutor.

Outro caso interessante foi quando encontrei uma colaboradora que estava retornando de férias e disse a ela: "Olá, Adriana. Como foram suas férias?". Soube depois que ela tinha ficado bastante feliz e, até mesmo, impressionada com a minha atitude, dizendo: "Eu estou na empresa há vários anos e nunca um diretor me chamou pelo nome. Hoje, o doutor Elias, além de me chamar pelo nome, sabia que eu estava voltando de férias".

São atitudes simples que indicam uma atenção especial, um cuidado com o outro, no sentido de percebê-lo e desejar o melhor para ele. Ou seja, antes de mais nada, as pessoas precisam ser notadas de verdade, e é nesse sentido que o respeito se torna a principal base da ética.

Após essas definições, gostaria de esclarecer dois enganos frequentes nas organizações:

1. **Código de Ética:** na verdade, esses manuais deveriam ser chamados de "Código de Moral" – ou, quando muito, de "Código de Conduta", já que se tratam de normas a serem seguidas, com indicação de deveres e direitos. A ética é trazida para as

organizações não através de um código, mas por meio das ações e relações das pessoas no cotidiano.
2. **A frase "é legal, mas não é moral"** deveria ser trocada por "é legal, mas não é ético", pois, nesse sentido, o que é legal (tem leis, normas e regras) é de fato moral. Por exemplo, é moral o gestor exigir que o colaborador cumpra rigorosamente o seu horário de trabalho; mas é ético permitir que ele se atrase caso tenha algum problema ou imprevisto.

Algo interessante a ser destacado nesse aspecto é que a liderança não se restringe a um cargo presente ou descrito nos organogramas das empresas – diferentemente da função "chefia". Isso porque liderança, na verdade, não é um cargo e, na mais pura definição, nada tem a ver com hierarquia. **Liderança é uma condição, ou uma atitude de autoridade, conquistada pela forma de ser e de agir, motivada pela preocupação com o todo e com todos, e não só com si próprio.**

A liderança não se determina pela sucessão hierárquica, pois é uma condição, um comportamento humano. No entanto, é, e muito, desejável que as pessoas que ocupam cargos de chefia se comportem como líderes. Liderança é uma autoridade que se constrói pelo exemplo, pela admiração, pelo **respeito**. (Cortella; Mussak, 2009).

Dessa forma, como bem chama a atenção a professora Terezinha Rios, se falamos em **respeito** na definição de liderança, estamos nos referindo ao princípio básico da ética. Assim, a ética é parte fundamental do comportamento de um líder.

O que quer dizer que a ética não pode ser tratada como algo muito teórico, complexo ou distante da realidade. É preciso nos acostumarmos a falar sobre ética no dia a dia das nossas organizações, e não apenas isso como no nosso dia a dia como um todo. Se olharmos para os grandes problemas que assolam a

> *A ética é parte fundamental do comportamento de um líder.*

humanidade atualmente, a ética, ou melhor, a falta dela estará na base de todos eles. E isso se reflete muito mais profundamente na situação vigente no Brasil. Algo que infelizmente ocorre em todos os níveis da vida e da sociedade.

Um termo muito usado no mundo corporativo, e que tem inúmeras definições, é "sustentabilidade". Para mim, a melhor e mais simples forma de definir *sustentabilidade* é: *a rentabilidade econômica*, associada à *responsabilidade social e ambiental*. Ou seja, se olharmos bem para essa definição, ela busca o bem comum, o bem de todos – empresa, sociedade e meio ambiente. Dessa forma, fica claro que a ética é parte fundamental na verdadeira sustentabilidade de qualquer organização.

> *A ética é parte fundamental na sustentabilidade verdadeira de qualquer organização.*

A ética não é algo circunstancial ou flexível, que pode estar presente ou ser usada apenas quando for conveniente. Usando as palavras do mestre Oscar Motomura, no curso APG Sênior, "não existe flexibilidade ética". Ou a pessoa – ou empresa – é totalmente ética, ou não é. Ou seja, **não existe 99% ético**. Não se pode ser mais ou menos ético, isso não existe, pois vai contra o princípio lógico do que vem a ser integridade.

Qualquer pessoa, ou empresa, que afrouxe 0,001% de sua integridade deixará automaticamente de ser íntegra e, consequentemente, de ser ética.

Esse exemplo me marcou e me incentivou a seguir nessa vigilância contínua, em todas as ações do dia a dia, em busca do que é certo e, inclusive, para o bem comum de todos.

Para mim, fica muito claro que, definitivamente, *os fins não justificam os meios*, ou seja, como ética tem um caráter reflexivo, devemos ter uma reflexão contínua sobre nossas ações e as dos nossos liderados, sempre em busca de uma análise clara e profunda dos valores que norteiam aquelas ações.

Ao longo desta caminhada um ensinamento virou um mantra para mim, e a ele procuro me agarrar nos momentos de decisões difíceis: "O certo é certo, mesmo que ninguém esteja fazendo. O errado é errado, mesmo que todos estejam fazendo".

> *"O certo é certo, mesmo que ninguém esteja fazendo. O errado é errado, mesmo que todos estejam fazendo".*

Capítulo 10

EU QUERO
TE VER BEM

*Eu cheguei aonde cheguei porque tudo
que planejei deu errado.*

RUBEM ALVES

Sempre termino meus vídeos, que posto em redes sociais, com a frase "Eu quero te ver bem". Na verdade, isso surgiu espontaneamente no fim do segundo vídeo que gravei. Fui concluir dizendo "E eu estou aqui porque..." e acabou saindo: "Eu quero te ver bem". Não foi uma frase pensada, nem programada. Foi simplesmente o meu coração e a minha alma falando, de modo espontâneo e sincero. E é isso que eu quero e desejo a você, caro leitor, que me acompanhou nessa jornada.

Esse desejo, fruto de um sentimento verdadeiro, ganha relevância especialmente porque vivemos, hoje, momentos muito difíceis. Como você sabe, não apenas as empresas, mas o mundo em geral e, em especial, o nosso país carecem atualmente de grandes líderes. Faltam quadros que nos inspirem, que demonstrem genuíno interesse pelo desenvolvimento ético das pessoas, que busquem resultados sustentáveis, e que estes não sejam conquistados "a qualquer custo", dentro da lógica em que "os fins justificam os meios".

O **"Eu quero te ver bem"** sintetiza o desejo de um país mais justo, com líderes melhores e verdadeiros em todos os setores, capazes de produzir resultados mais consistentes e sustentáveis. Mas é também parte da minha contribuição para o desenvolvimento de lideranças empresariais, cuja missão é decisiva para o crescimento das pessoas e para o fortalecimento de suas organizações.

Ter me tornado líder e gestor foi uma das melhores coisas que aconteceram na minha vida pessoal e profissional. E é a busca por essa sensação maravilhosa que eu quis compartilhar aqui com você.

Para mim, o caminho se mostrou bem menos árduo quando pude perceber algo fundamental para os bons resultados que tenho tido: **eu sou verdadeiramente apaixonado pelas pessoas que lidero**. Isso fez e faz toda a diferença. Fez-me ver muito claramente **o poder da gestão que entende de gente** e os resultados que ele traz.

Quando eu estava construindo a minha primeira clínica, um pouco antes de completar 25 anos, ouvi de um amigo querido, Olavo Magalhães, que "como gestor, teria que colocar uma pedra no lugar do coração". Não foi nada pejorativo, mas sim uma preocupação pelo carinho e amizade que ele tem por mim. No entanto, o seu alerta me marcou profundamente. Na mesma hora, fiz um acordo comigo mesmo: iria lutar com todas as forças para que aquilo nunca acontecesse e só seria gestor até o dia em que não precisasse fazer tal troca. Esse foi, com certeza, o meu primeiro grande desafio na gestão. Mas posso dizer que durante todos esses anos tenho conseguido cumprir essa promessa e ela permanece cada vez mais forte dentro de mim.

> *Se você quer ter sucesso, defina o seu significado e corra atrás dele.*

Acredite, o caminho para o sucesso na gestão e na liderança se dá através de, ou melhor, *com* as pessoas – as pessoas certas –, aquelas que estão ao seu lado e com as quais você partilha seus sonhos, conhecimentos e conquistas. Como disse Charles Chaplin, "conhecer o ser humano – esta é a base de todo o sucesso".

Se você quer ter sucesso, defina o seu significado e corra atrás dele.

Dizem que quando se tira o dinheiro da cabeça, ele vai para o bolso. Acredito fortemente que o grande líder entende que o lucro é consequência de um foco adequado em pessoas, isto é, ele compreende a importância de tratá-las de forma humanizada, buscando desenvolvê-las para que se tornem parceiras em sua trajetória e conquistas.

Sempre detestei a posição de me conformar com o pouco, com o "ser apenas mais um". Para mim, um grande desafio é tirar qualquer situação do status de medíocre ou mediano e levá-la para um patamar de excelência. É aqui que as coisas acontecem de verdade!

Tente. Mas tente sem medo, tente sem receio de falhar. A sensação de tentar e não conseguir é melhor que a sensação de querer e não tentar, pois, quando tentamos, já sentimos que estamos fazendo algo, estamos saindo do lugar, nos movimentando. Para mim, os fracassos acontecem não porque as coisas dão errado, mas porque a maioria das pessoas desiste.

Dar errado é parte do processo de construção de uma trajetória vitoriosa. Você aprende, erra, experimenta, tenta, estuda, tenta de novo e as coisas vão acontecendo. A mágica está nisso: em não desistir, em entender um revés como uma oportunidade de aprendizagem.

Não se agarre às pedras nas quais tropeçar, mas, pelo contrário, use cada uma delas como parte da construção maior da sua vida.

Cerque-se de boas pessoas, de pessoas que te agreguem valor. Segundo o escritor e palestrante americano Jim Rohn, "nós somos a média das cinco pessoas com quem mais convivemos", e eu acredito fortemente nisso. Contrate as pessoas certas e demita as que não se adequam à sua liderança, aos seus valores, à nova direção que você quer para a sua empresa e para a sua vida. Ter coragem para trocar pessoas, as pessoas erradas pelas certas, é ponto crucial para o sucesso de qualquer líder.

Avalie, aceite e assuma sua situação atual. Não se engana a muitos por muito tempo. Os profissionais e as empresas bem-sucedidos são os que avaliam e aceitam sua real situação e partem para melhorá-la.

Agora, aceitar a verdade requer humildade e coragem. Humildade para ouvir opiniões diferentes e até para evidenciar que você pode estar errado ou ser a causa de parte dos problemas. É preciso muita coragem para admitir isso, sair da zona de conforto e partir para a ação.

Acredito fortemente que a busca por deixar um legado é o maior combustível a nos mover, não apenas como líderes e gestores, mas como seres humanos. Mas é necessário entender que enquanto "herança é o que se deixa *para as* pessoas, legado é o que deixamos *nas* pessoas", ou melhor: "é o tempo que falam bem a nosso respeito depois que partimos". Essa construção deve nos mover e nos motivar a cada instante da nossa vida.

Para que isso aconteça plenamente, só há um caminho: seja simples. Citando novamente uma frase muito conhecida, "a simplicidade é a sofisticação do complexo", ou, sendo fiel às palavras de Leonardo da Vinci, "a simplicidade é o último grau da sofisticação".

Tenha o foco como fiel aliado. Não pegue peças que não fazem parte do "quebra-cabeça da sua vida", do seu crescimento, da sua felicidade. Não temos tempo a perder. Como disse Benjamin Disraeli, "a vida é muito curta para ser pequena".

Um dia me perguntaram o que eu escolheria, se eu tivesse que decidir entre o consultório e a gestão. Respondi que já havia tomado a decisão, pois o consultório – que foi muito importante para mim por muitos anos, e pelo qual sou muito grato a Deus – agora remunerava o meu bolso, mas não mais a minha

> *Decidir é uma arte. Decida pelo sucesso, mas pelo sucesso verdadeiro, construído com base naquilo em que você acredita*

alma. **Decidi deixar de ser médico de ouvido, nariz, garganta e laringe e passei a ser médico de pessoas e organizações.** Optei pela gestão.

Então, decida. É nos momentos das nossas decisões que o nosso destino é traçado. Decidir é uma arte. Decida pelo sucesso, mas pelo sucesso verdadeiro, construído com base naquilo em que você acredita. Uma excelente síntese disso foi dada por Albert Einstein: "Tente ser não uma pessoa de sucesso, mas uma pessoa de valor".

Saiba que o que vai determinar o local onde você vai chegar não é o que você fez até aqui – isso vai servir apenas de experiência e aprendizado –, mas, sim, o que você fizer a partir de hoje.

Agora, não se esqueça jamais disso: seja feliz antes mesmo de atingir o sucesso! E até mesmo se não atingi-lo. Afinal, o que nos põe em movimento é tão importante quanto o destino que precisamos atingir. "Navegar é preciso", disse o poeta Fernando Pessoa, justamente porque a paisagem faz parte do espetáculo.

Hoje, a minha felicidade e a minha emoção são indescritíveis. Poucas coisas na vida me motivaram tanto quanto escrever este livro e compartilhar com você, caro leitor, o que procuro fazer no meu dia a dia de líder e gestor. Por esse motivo, expresso aqui a minha imensa gratidão a Deus, a você que me acompanhou ao longo destas páginas e a todos os que contribuíram para essa longa caminhada, em especial a todos aqueles que tive **e tenho** a oportunidade de liderar e, consequentemente, aprender o que sei sobre gestão e liderança.

Procure sempre se valer do bom senso. Ele é salvador e seu melhor companheiro durante as horas difíceis. Na dúvida, se realmente você não souber o que fazer, siga o maior ensinamento universal, a Regra de Ouro, presente em praticamente todas as culturas e religiões: "Faça aos outros o que gostaria que fizessem a você".

Por fim, gostaria de dizer para cada um que chegou até aqui comigo:

É de verdade, é de coração: **EU QUERO TE VER BEM!**

Referências bibliográficas

COLLINS, Jim. *Empresas feitas para vencer*. 1ª ed. São Paulo: HSM, 2013.

CORTELLA, Mario Sergio; MUSSAK, Eugenio. *Liderança em foco*. 7ª ed. Campinas: Papirus 7 Mares, 2009.

GOLEMAN, Daniel. *Inteligência emocional*: A teoria revolucionária que redefine o que é ser inteligente. 11ª ed. Rio de Janeiro: Objetiva, 1997.

GOLEMAN, Daniel. *Trabalhando com Inteligência Emocional*. 1ª ed. Rio de Janeiro: Objetiva, 1999.

LORSH, Jay W.; MCTAGUE, Emily. *A culpa não é da cultura organizacional*. Disponível em: < http://hbrbr.uol.com.br/a-culpa-nao-e-da-cultura-organizacional/>. Acesso em: ago 2017.

MCCALL, M. W.; LOMBARDO, M. M. *What makes a top executive?* Disponível em: <https://www.ccl.org/wp-content/uploads/2015/04/BenchmarksSourcebook.pdf>. Acesso em: ago. 2017.

PROGRAMA de formação – ICI Integrated Coaching Institute. *Formação e certificação internacional em Coaching integrado*. Lexington, EUA: ACSTH, 2003.

RIOS, Terezinha Azerêdo. *Ética e competência*: Questões da nossa época. Volume 7. 20ª ed. São Paulo: Cortez Editora, 2011.

SOBREIRA, Tadeu. *Network*: A rede na vida e nas empresas. 1ª ed. Fortaleza: Expressão Gráfica e Editora, 2017.

STOLTZ, Paul Gordon. *Adversity quotient*: Turning obstacles into opportunities. 1ª ed. Nova Jersey, EUA: Wiley, 1997.

VÁZQUEZ, Adolfo Sánchez. *Ética*. 2ª ed. Rio de Janeiro: Civilização Brasileira, 1975.

Mapa mental – modelo de gestão

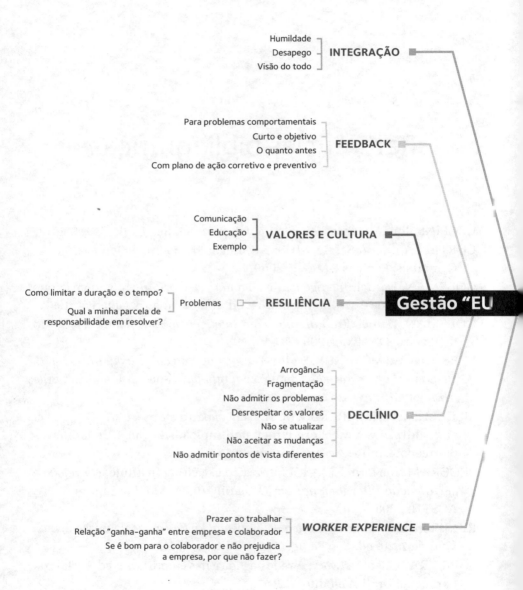

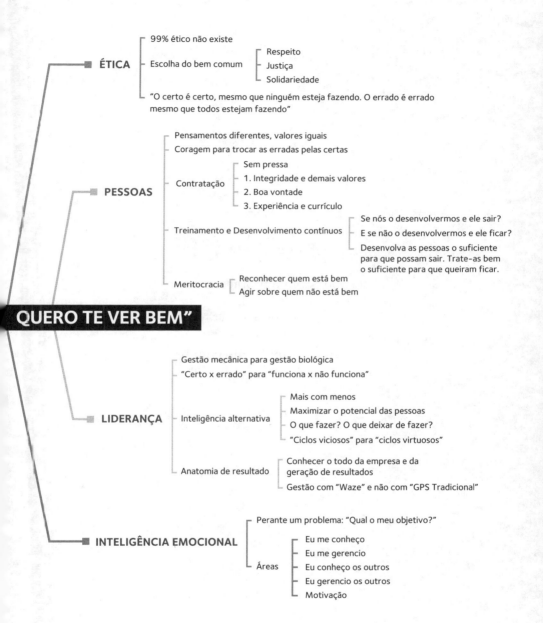

Caro leitor, o mapa mental acima resume os principais conceitos abordados em todo o livro. Você pode fazer o download em:

eliasleite.com.br/mapa-mental-gestao

Visite-nos:

@EditoraGente

facebook.com/editoragentebr

@editoragente

www.editoragente.com.br

Este livro foi impresso pela gráfica Bartira em papel pólen bold 70g em fevereiro de 2024.